Wenn Thomas Mann Ihr Kunde wäre

Bernd Stauss

Wenn Thomas Mann Ihr Kunde wäre

Lektionen für Servicemanager

Univ.-Prof. Dr. Dr. h. c. Bernd Stauss
Ingolstadt School of Management
Katholische Universität Eichstätt-Ingolstadt
bernd.stauss@gmail.com
www.bernd-stauss.de

ISBN 978-3-8349-4030-8   ISBN 978-3-8349-4031-5 (eBook)
DOI 10.1007/978-3-8349-4031-5

Die Deutsche Nationalbibliothek verzeichnet diese Publikation in der Deutschen Nationalbibliografie; detaillierte bibliografische Daten sind im Internet über http://dnb.d-nb.de abrufbar.

Springer Gabler
© Gabler Verlag | Springer Fachmedien Wiesbaden 2012
Das Werk einschließlich aller seiner Teile ist urheberrechtlich geschützt. Jede Verwertung, die nicht ausdrücklich vom Urheberrechtsgesetz zugelassen ist, bedarf der vorherigen Zustimmung des Verlags. Das gilt insbesondere für Vervielfältigungen, Bearbeitungen, Übersetzungen, Mikroverfilmungen und die Einspeicherung und Verarbeitung in elektronischen Systemen.

Die Wiedergabe von Gebrauchsnamen, Handelsnamen, Warenbezeichnungen usw. in diesem Werk berechtigt auch ohne besondere Kennzeichnung nicht zu der Annahme, dass solche Namen im Sinne der Warenzeichen und Markenschutz-Gesetzgebung als frei zu betrachten wären und daher von jedermann benutzt werden dürften.

Lektorat: Barbara Roscher, Angela Pfeiffer, Birgit Borstelmann
Einbandentwurf: Regine Zimmer, Diplomdesignerin, Frankfurt am Main
Einbandabbildung: Bundesarchiv, Bild 183-H27032

Gedruckt auf säurefreiem und chlorfrei gebleichtem Papier

Springer Gabler ist eine Marke von Springer DE. Springer DE ist Teil der Fachverlagsgruppe
Springer Science+Business Media
www.springer-gabler.de

Inhalt

Prolog: Lektionen eines längst verstorbenen Dichters für Servicemanager von heute?	7
Tonio Kröger	19
Das Eisenbahnunglück	39
Bekenntnisse des Hochstaplers Felix Krull	65
Mario und der Zauberer	87
Der Zauberberg	121
Zum biographischen Hintergrund I – Thomas Mann als Dienstleistungskunde	159
Zum biographischen Hintergrund II – Thomas Mann als Dienstherr	183
Epilog: Zusammenfassung der Lektionen – Die 4 Service-Ps	199
Literaturverzeichnis	209

Thomas Mann (1875-1955)
© *Fred Stein / picture-alliance / dpa*

Prolog: Lektionen eines längst verstorbenen Dichters für Servicemanager von heute?

Kann der Schriftsteller Thomas Mann, der Großbürgersohn aus Lübeck, der Nobelpreisträger für Literatur des Jahres 1929, heutigen Servicemanagern tatsächlich etwas lehren? Um die Antwort auf die sich aufdrängende zweifelnde Frage gleich vorwegzunehmen: Ja, ein eindeutiges und entschiedenes Ja. Wenn sich Servicemanager am Kunden orientieren wollen, dann sollten sie auf Thomas Mann hören. In seinen Novellen und Romanen gibt er dem Servicekunden Sprache und Stimme. Er beschreibt Dienstleistungssituationen, die an Aktualität nichts eingebüßt haben, und er erfasst sie in Ablauf und Wirkungen so präzise und meisterhaft, dass sie auf hervorragende Art und Weise geeignet sind, die zentralen Lektionen des modernen Servicemanagements zu verdeutlichen. In diesem Sinn ist es Thomas Mann, der die Augen öffnet und den Zugang für das erleichtert, was den Erkenntniskern des wissenschaftlichen und praktischen Dienstleistungsmanagements ausmacht.

Auf den ersten Blick muss die Kombination Thomas Mann und Servicemanagement natürlich überraschen. Er ist ein Meister des Denkens, der Sprache, der Formulierung, ein bewunderter Könner auf seinem Gebiet, eine auch politisch wirksame Größe der deutschen Geistesgeschichte, also vieles – aber ganz sicher kein Manager. Er kann gerade

Prolog

einmal eine knapp halbjährige praktische Arbeit in einem Dienstleistungsunternehmen vorweisen, als er im März 1894 in München recht lustlos die unbezahlte Stellung als Volontär bei der Süddeutschen Feuerversicherungsbank antritt und schon im August desselben Jahres wieder aufgibt.[1] Ein so kurzer und verengter Einblick eines Anfängers in das Handlungsfeld eines Dienstleisters in der Kaiserzeit des ausgehenden neunzehnten Jahrhunderts kann wohl kaum als Rechtfertigung für die Erteilung von heute gültigen Managementlektionen herangezogen werden.

Wenn man überhaupt eine – gewagte – Assoziation zum Dienstleistungsmanager herstellen wollte, dann wäre darauf hinzuweisen, dass er immer einem Haushalt mit einer erheblichen Anzahl von Bediensteten vorsteht: ‚Mädchen', Kinderfrauen, Köchinnen, Chauffeure, Gärtner, Sekretäre und Sekretärinnen. Allerdings delegiert er die damit verbundene ‚Management'aufgabe vollständig an seine Frau Katia. Er selbst tritt weniger als Leiter des Hauses mit Personalführungsfunktion auf, vielmehr als eine Art Chef-Kunde, der jederzeit exzellenten Service erwartet und die Kontakte mit seinem Personal auf das Unvermeidliche beschränkt. Ein Chef-Kunde, der sehr ungehalten werden kann, wenn Mängel in der Ausführung der häuslichen Dienstleistung seine Sphäre stören. Auf diese Seite seines Empfindens und Verhaltens wird gegen Ende des Buches im Kapitel ‚Thomas Mann als Dienstherr' näher eingegangen; dort wird denn auch deutlich, warum er in dieser Funktion für das Servicemanagement kein Vorbild abgibt.

Aus Managementperspektive ist Thomas Mann also nicht als Führungsperson bemerkenswert, sondern als *Dienstleistungskunde*, wobei die häusliche Rolle als interner

PROLOG

Kunde nur eine Nebenrolle darstellt; die eindeutige Hauptrolle stellt die des externen Servicekunden dar.

Zeit seines Lebens war Thomas Mann ein außerordentlich anspruchsvoller Dienstleistungskunde. Aus großbürgerlichem Hause, reich verheiratet und früh durch den Literaturnobelpreis weltberühmt geworden, legt der Schriftsteller großen Wert darauf, seiner Herkunft, seinem Rang entsprechend bedient zu werden. Er fühlt sich als Angehöriger einer oberen Klasse, empfindet sich als erstklassig und verlangt erstklassigen Service. Selbstverständlich verbringt er mit seiner Familie seine Ferien in gediegenen Hotels, ebenso wie ihn seine vielen Vortrags- und Vorlesereisen in Europa und in den USA in die ersten Häuser führen. Er sucht selbst Heilung in Sanatorien der gehobenen Art oder verweilt dort zu Besuch seiner kurenden Ehefrau Katia. Unterwegs ist er mit der Bahn, bevorzugt in der ersten Klasse, vielfach per Schlafwagen, und für die Überquerung des Atlantiks nutzt er die großen, luxuriösen Passagierschiffe.

Von diesen Dienstleistungsorten, -verkehrsmitteln und -kontakten berichtet Thomas Mann in seinen Tagebüchern. Das ist umso bemerkenswerter, als er ein extrem ausgefülltes Leben führt, in dem der Dienstleistungskonsum naturgemäß eher nebensächlich ist. Die Tage sind geprägt durch die disziplinierte vormittägliche Schreibtischarbeit an den Romanen, Novellen, Essays und Vorträgen, das handschriftliche Verfassen oder das Diktat einer Fülle von Briefen, die Gespräche mit Verlegern, Freunden, Journalisten, die Spaziergänge, allein, mit anderen oder mit Hund, die nachmittäglichen Siestas, die Essen im Kreis der Familie und mit Gästen, die abendlichen Konzert- und Theaterbesuche und die nächtliche Lektüre. Und all das in einer Zeit dramatischer

PROLOG

politischer Umbrüche, die ihn, der so sehr auf ein stabiles, geordnetes und komfortables Arbeitsumfeld angewiesen ist, dazu zwingt, mehrfach seinen Wohnort zu wechseln und sein Leben völlig umzustellen. Mit Hitlers Machtübernahme und dem Reichstagsbrand im Jahre 1933 muss er sein Land, seinen Wohnort München, seine Villa in der Poschingerstraße 1, verlassen. Er wechselt zunächst über Südfrankreich in die Schweiz nach Küsnacht, verbringt dann die Kriegsjahre in den USA, erst an der Ostküste in Princeton, dann im kalifornischen Pacific Palisades, bevor er nach Ende des Zweiten Weltkriegs – inzwischen 77-jährig – nach Kilchberg bei Zürich wieder in die Schweiz zurückkehrt. Natürlich spiegeln die Tagebücher all dies wider: seine Arbeit an der Vielzahl oft voluminöser Werke, die Erstellung von grundlegenden Aufsätzen und Reden, seine Korrespondenz, sein umfangreiches politisches Engagement im Kampf gegen die Diktatur und für ein demokratisches Deutschland und selbstverständlich auch immer seine psychische und physische Befindlichkeit. Angesichts der Relevanz dieser Aspekte ist es geradezu erstaunlich, dass Thomas Mann daneben auch das scheinbar nebensächliche Dienstleistungserleben für erwähnens- und festhaltenswert hält.

Tatsächlich ist davon in den Tagebüchern oft die Rede: von Hotelzimmern und Restaurantessen, von Schlafwagenabteilen und Schiffskabinen und insbesondere von den direkten Kontakten mit Dienstleistungsmitarbeitern, mit Portiers, Zimmermädchen, Stewarts, Schlafwagenschaffnern und Friseuren. Im biographischen Kapitel ‚Thomas Mann als Dienstleistungskunde' wird daraus zitiert. Man sieht dort auch, dass seine Hinweise und Bewertungen positiver oder negativer Art tagebuchgemäß nur stichwortartig ausfallen. Eher selten gehen die Schilderungen ins Detail, insbesondere dann, wenn er unerwartet Einbußen an Komfort hinnehmen muss, wenn vermeintliche Selbstverständlichkeiten nicht vorliegen, wenn er darunter leidet, dass das Restaurantessen miserabel, die Hotelbetten schlecht oder Mitarbeiter unaufmerksam sind. In diesen Fällen hält er die Gründe seiner Unzufriedenheit mit stark emotionalen Ausdrücken des Ärgers und der Empörung in seinen Tagebüchern fest.

Diese Angaben Thomas Manns zu seinen Erlebnissen als Dienstleistungskunde geben wichtige Hinweise, doch sind die Tagebucheintragungen zu knapp, um daraus tiefgreifende Erkenntnisse zu gewinnen. Aufschlussreich sind sie aus einem anderen Grund: Sie bilden den Erfahrungshintergrund für die Serviceerlebnisse, die er die Protagonisten in seinem literarischen Werk erleben lässt.

Thomas Mann ist bekannt und wird gerühmt für seine präzise Beobachtungsgabe, und die Ergebnisse seiner Beobachtungen von Personen und Situationen sind in seinen Romanen und Novellen nachzulesen. Familienangehörige, Freunde und Bekannte dienen ihm als Vorbild für seine literarischen Figuren. Was die Personen betrifft, gilt in gleicher Weise für die Serviceerlebnisse. Als Dienstleistungskunde in Friseursalons und Arztpraxen, Hotels, Sanatorien, Eisenbahnen oder auf Passagierschiffen beobachtet Thomas Mann ganz genau gelingende und misslingende Dienstleistungsepisoden und beschreibt diese detailliert in seinen literarischen Arbeiten. Es sind diese Beschreibungen, die für Servicemanager noch heute von außerordentlichem Wert sind, weil sie grundlegende, generell gültige Erkenntnisse enthalten und somit auch Lektionen vermitteln, die aktuelle und zugleich zeitlich überdauernde Bedeutung haben.

Von Thomas Mann kann man wieder lernen, welch zentrale Bedeutung jeder einzelnen Kontaktepisode im Dienstleistungsbereich zukommt, dem Moment, der über des Kunden Zufriedenheit oder Unzufriedenheit und damit über das Schicksal der Kundenbeziehung entscheidet. Insofern stellen diese Episoden für das Management kein Randphänomen dar; im Gegenteil, auf sie muss der Fokus seiner Aufmerksamkeit gerichtet werden. Da der Verlauf einer Kontaktepisode für den Kunden wichtig ist und dessen Verhalten bestimmt, stellt dieses Erleben auch den entscheidenden Ausgangs- und Orientierungspunkt für das Servicemanagement dar.

Dies gilt im Übrigen nicht nur für das Management in den klassischen Dienstleistungsbranchen wie Touristik und Personenverkehr, Kultur- und Gesundheitswesen, Finanz- und Rechtsberatung, Gastgewerbe und Einzelhandel. Auch in vielen Zweigen der Konsumgüterindustrie und im Business-to-Business-Bereich spielen Kundenkontakt und Service eine immer größere Rolle bei der Sicherung des ökonomischen Erfolgs. Denn in Zeiten, in denen die eigentliche Kernleistung immer uniformer, immer austauschbarer wird, macht die Interaktionsqualität mehr und mehr den kaufentscheidenden Differenzierungsfaktor im Wettbewerb aus.

Natürlich ist diese Botschaft nicht neu. Die Bedeutung des Kundenkontaktes und der Interaktionsqualität im Servicemanagement sind seit Jahren bekannt. In der Praxis akzeptieren inzwischen nahezu alle Dienstleistungsunternehmen die Maxime der Kundenorientierung und zählen Kundenzufriedenheit oder gar -begeisterung zu ihren herausragenden Zielen. Und auch in der Wissenschaft wird die Bedeutung von Kundenerleben und ‚customer experience' betont. Wozu also brauchen wir noch die Unterstützung durch Thomas Mann?

Wir brauchen Thomas Mann, um den Kern der kundenorientierten Botschaft wieder deutlich zu sehen, um zu verstehen, was es wirklich heißt, unternehmerisches Handeln an Kundenerwartungen und Kundenerleben auszurichten. Denn diese Kernbotschaft verlieren Praxis und Wissenschaft trotz anderslautender Rhetorik zunehmend aus dem Blick, und zwar durch einen Mechanismus, den man jeweils als *Verdrängung des Wortes durch die Zahl*' bezeichnen kann.

In der *Praxis* wird Kundenzufriedenheit in der Regel nur als quantitative Kennziffer, als Durchschnittswert zur Kenntnis genommen, der aus den Daten standardisierter Zufriedenheitsmessungen berechnet wird. Doch solche Zahlenwerte haben wenig Aussagekraft und lassen nahezu alle wichtigen Fragen offen: Wie (positiv) ist das Ergebnis – beispielsweise ein Skalenwert von 2,3 auf einer Fünfer-Zufriedenheitsskala – eigentlich einzuschätzen? Kann man als Unternehmen, schulnotenartig gedacht, mit einem Gut oder einer Zwei minus zufrieden sein? Was genau hat der Kunde eigentlich erlebt? Wie kommt er zu seinem Urteil? Wie verdichten sich seine positiven und negativen Erfahrungen zu einem solchen Wert? Welche Verbesserungen wünscht der Kunde? Welche Maßnahmen sollen ergriffen werden? Keine dieser Fragen ist aus dem Zahlenwerk zu beantworten.

Wer wirklich vom Kunden her denken und handeln will, kann sich nicht auf Durchschnittszahlen aus standardisierten Erhebungen verlassen; er muss individuelle Kunden genau beobachten und die Beobachtung mit Worten erfassen. Denn wenn man die Worte durch abstrakte Zahlen verdrängt, verliert man auch die Beobachtungen und damit den Blick auf das wirkliche Leben. Im Ergebnis verfolgt man dann in Unkenntnis des realen Kunden eine zahlengläubige, kundenferne Strategie. Bei Thomas Mann kann man nun lernen, was es heißt, Kunden in ihrem Dienstleistungserleben genau zu beobachten, und erfahren, wie hilfreich solche Beobachtungen für konkretes Handeln im Dienstleistungsmanagement sind. Es sind Thomas Manns Worte, von denen man lernen kann, sich nicht nur auf Zahlen zu verlassen, sondern auf den individuellen Kunden zu schauen, seinen Worten zuzuhören bzw. die Worte exakt zur Kenntnis zu nehmen, die Kunden mündlich, telefonisch oder schriftlich äußern.

Der Mechanismus ‚Verdrängung des Wortes durch die Zahl' wirkt nicht nur im praktischen, sondern auch im *wissenschaftlichen Dienstleistungsmanagement*. Dies ist das Ergebnis eines geradezu gesetzmäßig ablaufenden, forschungsimmanenten Entwicklungsprozesses in den Wirtschaftswissenschaften. Dieser führt – grob skizziert – von der grundlegenden Entdeckung neuer Sachverhalte und ihrer Beschreibung in Worten zu einer immer stärkeren Quantifizierung von Ergebnissen in Bezug auf immer weniger relevante Detailfragen.

Als sich die Forschung im Bereich Dienstleistungsmarketing und -management seit den 1970er Jahren in den USA und Skandinavien entwickelte, war sie geprägt durch die Erkenntnis, dass die herkömmliche, industriell orientierte Betriebswirtschaftslehre nur unzureichend in der Lage ist, wesentliche der in Dienstleistungsunternehmen auftauchenden Probleme auch nur zu erfassen, geschweige denn zu lösen. Aufbauend auf dieser Diagnose identifizierte sie in ihrer Pionierzeit die Besonderheiten von Dienstleistungen und entwickelte ein innovatives Instrumentarium, das diesen Besonderheiten gerecht wird.[2] Der enorme Realitätsgewinn der neuen, dienstleistungsspezifischen Sichtweise und der hohe Anwendungserfolg innovativer Handlungsempfehlungen sind die Ursachen dafür, dass sich das Dienstleistungsmanagement in einer durch Tradition verfestigten, teilweise verkrusteten betriebswirtschaftlichen Landschaft durchsetzen und als neues Fach an den Hochschulen etablieren konnte.

Allerdings ist die akademische Etablierung auch mit einer problematischen Veränderung der Arbeitsinhalte verbunden. Die Standards der internationalen Forschung verlangen inhaltlich eine Fokussierung auf eine enge Fragestellung und begrenzen die als zulässig erachteten Themen durch die Forderung nach empirischer Forschung unter Anwendung eines hoch entwickelten methodischen Analyseinstrumentariums. Damit wird nicht nur die umfassende Perspektive aufgegeben, sondern auch ein erheblicher Teil der Dienstleistungsrealität aus der Forschung wieder ausgeblendet. Durch die quantitative Orientierung erfolgt zudem die akademische Verdrängung des Wortes durch die Zahl mit der Konsequenz, dass die Ergebnisse der in den akademischen Top-Journals veröffentlichten Forschung fast nur noch an die für die eigene Karriere wichtigen Wissenschaftlerkollegen und Methodenexperten adressiert sind. Dies führt dazu, dass bei fortschreitender Wissenschaftentwicklung mit immer größerem Methodeneinsatz an immer esoterischeren Kleinstproblemchen geknobelt wird und mit dem Wort auch die Verständlichkeit und der Transfer in die Praxis auf der Strecke bleiben. Für Dienstleistungsmanager, die in der Regel schon lange aufgegeben haben, von Beiträgen aus den akademisch angesehensten Zeitschriften Anregungen zu erwarten, lautet daher die Empfehlung: Suchen Sie nach Literatur mit hohem Realitätsgehalt und nach Quellen, in denen Autoren ihre Botschaft mit Worten ausdrücken. Und: *Lesen Sie Thomas Mann*, denn hier sind beide Bedingungen auf exzellente Weise erfüllt.

Auch wenn die im Folgenden präsentierten Dienstleistungsbeispiele aus einer vergangenen Zeit stammen, haben Thomas Manns Beobachtungen zeitlose Gültigkeit. Große Werke von Dichtern und Schriftstellern unseres kulturellen Erbes bleiben ja deswegen über Jahrzehnte und Jahrhunderte für Leser so wertvoll, weil sie die bleibenden menschlichen Fragen von Liebe und Leiden, Schönheit, Schmerzen und Tod auf eine Weise behandeln, die für jede neue Generation Antworten enthält. Analoges gilt für die Dienstleistungssituationen, die Thomas Mann in seinen Novellen und Romanen beschreibt: Mag sich auch die technische Ausführung einer Dienstleistung im Zeitablauf sehr stark geändert haben, wie aber Menschen andere Menschen (als Mitarbeiter und Kunden in Dienstleistungssituationen) erleben und wie sie als Menschen behandelt werden wollen, das ändert sich nicht. Deshalb hat uns Thomas Mann auch heute und in Zukunft so viel zu sagen.

QUELLENANGABEN

1 Kurzke, H.: Thomas Mann. Das Leben als Kunstwerk, München 1999, S. 66.
2 Fisk, R.P./Brown, S.W./Bitner, M.J.: Tracking the evolution of the services marketing literature, in: Journal of Retailing, 69. Jg. 1993, Nr. 1, S. 61-103; Bruhn, M./Mayer-Vorfelder, M.: Entwicklungstendenzen der Forschung zum Dienstleistungsmarketing. Eine Literaturanalyse der Jahre 2000 - 2008, in: Die Unternehmung, 63. Jg. 2009, Nr. 4, S. 441-464.

Szene aus dem Film ‚Tonio Kröger' (1964) mit Jean-Claude Brialy (Tonio Kröger), Rudolf Forster (Herr Seehase) und Gert Fröbe (Polizist Petersen)
© Seitz Filmproduktion / Deutsche Kinemathek

Tonio Kröger

Thomas Manns Erzählung *„Tonio Kröger"* erschien erstmals 1903 und thematisiert den tiefen Konflikt zwischen künstlerischem und bürgerlichem Leben. Tonio, der autobiographische Züge des Verfassers trägt, ist der Sohn des angesehenen Getreidegroßhändlers und Konsuls Kröger in einer alten, vielgiebeligen Stadt an der Ostsee, deren Namen nicht genannt wird, bei der es sich aber selbstverständlich um Thomas Manns Vaterstadt Lübeck handelt.[3]

Im Zentrum der ersten Kapitel steht Tonio als heranwachsender Junge. Der vierzehnjährige Junge, musikalisch, romantisch und empfindsam, wirbt um die Zuneigung seines Schulkameraden Hans Hansen, der mit seiner unkompliziert frischen Art geradezu ein charakterliches Gegenbild zu ihm abgibt. Da Hans Hansen zwar den freundlichen Kontakt nicht meidet, aber keine wirkliche enge Freundschaft zulässt, leidet Tonio. Zwei Jahre später erfährt der nun Sechzehnjährige in ähnlicher Weise Leid, als er sich in die blonde, lustige und selbstbewusste Inge Holm verliebt, sie ihn aber nicht zur Kenntnis nimmt.

Nach dem Tode des Vaters verlässt Tonio seine Vaterstadt und zieht nach München. Hier beginnt er ein exzessives, von ihm aber nicht wirklich genossenes, sondern eher verabscheutes Leben, macht sich aber als Künstler, als Schriftsteller, einen guten Namen. Inzwischen über dreißig Jahre alt und berühmt, setzt er sich intensiv mit dem Wesen des Künstlertums auseinander und erkennt, dass ein Künstler als kalt kalkulierender Beobachter das Leben darstellt, aber nicht wirklich am einfachen, harmlosen, gewöhnlichen Leben, nach dem er sich sehnt, teilhat.

In dieser Krisensituation zieht es ihn nach Norden, er verreist nach Dänemark, und es ist natürlich kein Zufall, dass die Reiseroute über seine Heimatstadt führt, die erste Wiederbegegnung nach dreizehn Jahren. Eine Begegnung mit den vertrauten Türmen und Giebeln, dem Elternhaus, das inzwischen zu einer Volksbibliothek umgebaut wurde, eine wehmütige Erinnerung an seine Kinder- und Jugendtage. Und hier ist die Episode angesiedelt, die wir betrachten wollen.

Tonio Krögers Empfang im Hotel

Er nähert sich zu Fuß dem Hotel, in dem er jetzt absteigen wird, das erste Haus am Platz, ihm vertraut seit seinen Kindertagen, vertraut wie die großen Löwen am Eingang, die ihm jetzt allerdings deutlich kleiner erscheinen:

"In der oberen Stadt gab es Bogenlampen, und eben erglühten sie. Da war das Hotel, und es waren die beiden schwarzen Löwen, die davor lagen, und vor denen er sich als Kind gefürchtet hatte. Noch immer blickten sie mit einer Miene, als wollten sie niesen, einander an; aber sie schienen viel kleiner geworden seit damals. – Tonio Kröger ging zwischen ihnen hindurch.

Da er zu Fuß kam, wurde er ohne viel Feierlichkeit empfangen. Der Portier und ein sehr feiner, schwarzgekleideter Herr, welcher die Honneurs machte und beständig mit den kleinen Fingern seine Manschetten in die Ärmel zurückstieß, musterten ihn prüfend und wägend vom Scheitel bis zu den Stiefeln, sichtlich bestrebt, ihn gesellschaftlich ein wenig zu bestimmen, ihn hierarchisch und bürgerlich unterzubringen und ihm einen Platz in ihrer Achtung anzuweisen, ohne doch zu einem beruhigenden Ergebnis gelangen zu können, weshalb sie sich für eine gemäßigte Höflichkeit entschieden. Ein Kellner, ein milder Mensch mit brotblonden Backenbartstreifen, einem altersblanken Frack und Rosetten auf den lautlosen Schuhen, führte ihn zwei Treppen hinauf in ein reinlich und altväterlich eingerichtetes Zimmer, hinter dessen Fenster sich im Zwielicht ein pittoresker und mittelalterlicher Ausblick auf Höfe, Giebel und die bizarren Massen der Kirche eröffnete, in deren Nähe das Hotel gelegen war. Tonio Kröger stand eine Weile vor diesem Fenster; dann setzte er sich mit gekreuzten Armen auf das weitschweifige Sofa, zog seine Brauen zusammen und pfiff vor sich hin."[4]

Geschildert wird eine Situation, ein Kontakt, der täglich millionenfach stattfindet, die Begrüßung eines Hotelgastes. Und es passiert nichts Außergewöhnliches. Die Mitarbeiter erfüllen ihre Aufgabe, sie sind weder unaufmerksam noch schlecht gelaunt. Sie mustern und prüfen nur den Ankömmling, den sie natürlich nicht erkennen, hinsichtlich seines gesellschaftlichen Status und variieren ihr Verhalten entsprechend ihrer Einschätzung, und da der Mann zu Fuß kommt und zu wenig Anzeichen einer sicheren Einordnung in die gesellschaftliche Hierarchie bietet, entscheiden sie sich für eine *gemäßigte Höflichkeit*.

Diese Hotelbegrüßung ist gerade wegen ihrer Alltäglichkeit und fehlenden Dramatik bedeutsam, da es auf eines der entscheidenden Charakteristika von Dienstleistungen verweist: auf die Beteiligung des Kunden an der Dienstleistungsproduktion. Dieser Umstand bewirkt, dass in jedem auch noch so kleinen Kontakt – wie einer Begrüßung – das

Angebot des Dienstleisters auf dem Prüfstand steht und damit zum *‚Augenblick der Wahrheit'* wird.

LEKTION 1

Augenblick der Wahrheit[5]

Während industrielle Produzenten ihre materiellen Konsum- und Gebrauchsgüter autonom in ihren Fabriken erstellen können, erfordern klassische Dienstleistungen die Beteiligung des Kunden an der Leistungserstellung. Der Arzt kann seine Diagnose nicht ohne Patient vornehmen; der Berater keine Analyse durchführen, ohne dass der Klient Informationen bereitstellt; ein Hotel ohne Gäste produziert nur Kosten, aber keine Dienstleistung. Insofern kommt es zu einem Kontakt zwischen Dienstleister und Kunde, zu persönlichen, schriftlichen, telefonischen, elektronischen Kontakten mit den Mitarbeitern. Oft muss der Kunde auch die Praxis, die Werkstatt, den Flughafen, das Hotel aufsuchen, sich also an den Ort des Dienstleisters begeben. Und bei jedem Kontakt innerhalb des Dienstleistungsprozesses gewinnt er Eindrücke von der Qualität der Leistung. Die verschiedenen Kontakte eines Kunden mit einem Aspekt des Dienstleistungsangebots werden auch als ‚Augenblick der Wahrheit' (‚moment of truth') bezeichnet, weil sich in jedem dieser Momente entscheidet, ob die unternehmerischen Maßnahmen zur Qualität zum Tragen kommen, ob ein Kunde einen positiven oder negativen Qualitätseindruck erhält und ob er als zufriedener Kunde loyal bleibt oder unzufrieden den Dienstleister verlässt.

Tonio Kröger

Tonio Kröger hat noch keine Hoteldienstleistung in Anspruch genommen, aber doch schon eine Behandlung erfahren, die ihn nicht kalt lässt, nämlich die übliche schnelle Kundeneinschätzung durch Mitarbeiter und das klare Signal, dass das Ergebnis dieser Einschätzung diese nicht dazu veranlasst, besonders freundlich zu sein. Ein Gast, der nicht vorgefahren wird, sondern zu Fuß kommt; ein Mann, dessen Äußeres in Bezug auf Haarschnitt, Kleidung, Accessoires und Gepäck keine eindeutige gesellschaftliche Statuszuordnung im Pyramidensegment zwischen Groß- und Kleinbürgertum gestattet, erfordert offenbar keine übertriebene Aufmerksamkeit, so dass die Mitarbeiter den Mittelweg wählen, der keine Regelverletzung darstellt und die Mindesterwartungen erfüllt.

Dabei übersehen sie aber möglicherweise, dass die Kunden nicht nur den Prozess der prüfenden Abschätzung wahrnehmen, sondern auch das Ergebnis, zu dem die Mitarbeiter kommen. Und die Erkenntnis der vorgenommenen Statuszuweisung kann durchaus verletzend sein, und zwar nicht nur für so sensible Beobachter wie Thomas Mann, sondern ebenso für Herrn Jedermann und Frau Jederfrau; nicht nur für Tonio Kröger, der vielleicht doch erwartet hat, dass man ihn als Angehörigen der angesehenen Familie im Ort oder als berühmten Autor erkennt, sondern auch für Lieschen Müller.

Wenn Mitarbeiter allerdings nicht einmal die Mindesterwartungen der Kunden erfüllen, sind die Wirkungen auf diese verheerend. Empirische Studien und praktische Erfahrungen zeigen übereinstimmend, in welch hohem Maße Kunden ein als mangelhaft empfundenes Mitarbeiterverhalten als Grund für ihre Unzufriedenheit und ihren Wechsel zur Konkurrenz angeben. Und dabei geht es keineswegs allein um Freundlichkeit. Alle *Qualitätsdimensionen,* die Kunden zur Beurteilung der Dienstleistung heranziehen, weisen einen ganz engen Bezug zum Personalverhalten auf.

LEKTION 2

Dimensionen der Dienstleistungsqualität[6]

Anhand welcher Dimensionen und Merkmale beurteilen Dienstleistungskunden die Qualität der Leistung und damit auch das Mitarbeiterverhalten? Auskunft dazu geben die Forschungsarbeiten der amerikanischen Wissenschaftler Zeithaml, Parasuraman und Berry. In ihren Untersuchungen verschiedener Dienstleistungsbranchen identifizieren sie zehn, jeweils gültige, generelle Dimensionen der Dienstleistungsqualität, und alle weisen einen engen Bezug zum Personalverhalten auf: Entscheidend sind

(1) ‚Kompetenz', also das berufliche Können und Fachwissen, sowie

(2) ‚Verlässlichkeit' bei der Einhaltung von Zusagen und der Ausführung der Leistung.

(3) Mitarbeiter sollten ‚Einsatzbereitschaft' zeigen, indem sie im Kundensinne engagiert und schnell reagieren, und durch

(4) leichte ‚Erreichbarkeit' als Ansprechpartner zur Verfügung stehen.

(5) Kunden erwarten ‚Glaubwürdigkeit' im Sinne eines vertrauenswürdigen und ehrlichen Auftretens sowie

(6) die Vermittlung von ‚Sicherheit' in Bezug auf ihre Person und ihr Eigentum.

(7) Mitarbeiter im Kundenkontakt müssen die ‚Kommunikation' beherrschen, also dem Kunden zuhören und ihn verständlich informieren können,
(8) ‚Zuvorkommenheit' durch höfliche und freundliche Ansprache zeigen sowie auch
(9) ‚Empathie' durch Verständnis für die kundenindividuelle Situation und seine spezifischen Wünsche.
(10) Zudem müssen die ‚Materiellen Elemente' ihres äußeren Erscheinungsbildes dem Qualitätsversprechen des Unternehmens und den darauf ausgerichteten Erwartungen der Kunden entsprechen.

Auch Tonio Kröger nimmt am Kontaktpunkt der Hotelrezeption nicht nur die abschätzende Beobachtung und die gemäßigt freundliche Behandlung bewusst wahr, sondern auch das Äußere der ihn begrüßenden Mitarbeiter, und er sieht hier durchaus die kleinen Unterschiede. Er hat es zum einen mit dem *sehr feinen, schwarzgekleideten Herrn* zu tun, der ihn begrüßt, zum anderen mit dem Kellner im *altersblanken Frack*.

Und es ist der Kellner, der ihn zu dem Zimmer begleitet, das ihm zugewiesen wird. Dieses Zimmer stellt natürlich den nächsten wichtigen Kontaktpunkt dar. Der erste Eindruck von Einrichtung, Ausstattung und Sauberkeit ist wiederum ein Augenblick der Wahrheit. In diesem Fall ist es *reinlich und altväterlich eingerichtet*, gibt damit dem reiseerfahrenen Gast weder Anlass zu besonderer Zufriedenheit noch zu Unzufriedenheit, sondern verstärkt nur den Eindruck einer in diesem Haus scheinbar stehengebliebenen Zeit, wie dies auch für die Stadt gilt, über deren mittelalterliche Höfe und Giebel Tonio Krögers Blick aus dem Hotelfenster schweift.

Welche Konsequenzen hat nun nicht nur ein Hoteldirektor, sondern jeder Dienstleistungsmanager aus der Tatsache zu ziehen, dass sich in jedem einzelnen Kontaktpunkt während des Dienstleistungserstellungsprozesses entscheidet, ob das Angebotskonzept vom Kunden als stimmig akzeptiert wird und ob sich die unternehmerischen Anstrengungen zur Gewährleistung und Sicherstellung von Dienstleistungsqualität auch im Kundenerleben positiv widerspiegeln? Zunächst einmal muss er den *typischen Prozess* genau und detailliert kennen, den der Kunde durchläuft, und er muss exakt feststellen, welche Kontaktpunkte der Gesamtprozess aus Perspektive des Kunden umfasst und in welcher Reihenfolge diese durchlaufen werden. Dabei muss zugleich für ihn erkennbar werden, was an den jeweiligen Kontaktpunkten physisch wahrnehmbar, insbesondere sichtbar, aber auch hörbar oder riechbar ist und an welchen Stellen es zu persönlichen Kontakten mit den Mitarbeitern kommt. Erst auf der Grundlage der Beantwortung dieser Fragen sind die internen Prozesse zu gestalten, und zwar in einer Weise, dass der Kunde in jedem Dienstleistungskonsum eine Sequenz zufriedenstellender Augenblicke der Wahrheit erlebt. Ein Instrument, das dem Dienstleister die notwendige Erfassung und Analyse des vom Kunden erlebten Prozesses ermöglicht, ist das sogenannte *Blueprinting.*

LEKTION 3

Blueprinting[7]

Kern des Blueprinting sind systematische Analyse des Dienstleistungsprozesses aus Kundensicht und seine Darstellung in einem grafischen Ablaufdiagramm. Zunächst werden durch Beobachtung und Befragung von Kunden die verschiedenen Kundenkontaktpunkte in ihrer Sequenz ermittelt. Das sind beispielsweise bei einem Hotelbesuch die telefonische Reservierung, die Anfahrt, das Parken in der Tiefgarage, der Weg zum Check-in-Schalter, das Einchecken, der Weg zum Zimmer, der Gepäckempfang, der Aufenthalt im Zimmer usw. Das erstellte Flussdiagramm zeigt in horizontaler Darstellung den Kundenpfad, also die Kontaktpunkte in ihrer Reihenfolge bei der Nutzung der Dienstleistung. Durch die Einzeichnung einer ‚line of visibility' wird zudem deutlich, welche Teile des Dienstleistungssystems für den Kunden sichtbar werden und daher seine Qualitätswahrnehmung beeinflussen bzw. welche sich ‚hinter der Bühne' abspielen. Dieser graphische Kundenpfad wird dann in vertikaler Hinsicht ergänzt, um die Beziehungen zum Leistungserstellungssystem, d.h. zu den unternehmensinternen Prozessen, zu verdeutlichen. Auf diese Weise können strukturelle Problemursachen kontaktpunktspezifisch identifiziert und beseitigt werden.

Die Forderung nach einer präzisen, an den Kontaktpunkten ausgerichteten Erfassung des Erlebens von Dienstleistungskunden erscheint zunächst banal und weitgehend erfüllt durch die üblichen Zufriedenheitsbefragungen. Das ist allerdings ein Trugschluss. Die meisten der eingesetzten standardisierten Befragungsinstrumente setzen nicht am Kundenprozess an, sondern verlangen nur die Bewertung abstrakter Qualitätsmerkmale. Hätte Tonio Kröger auf dem Nachttisch oder dem weitschweifigen Sofa einen Fragebogen vorgefunden, mit welchem Skalenwert auf einer Fünferskala (von 1 = sehr zufrieden bis 5 = sehr unzufrieden) hätte er die Freundlichkeit der Mitarbeiter bewerten sollen? Und wenn er sich für einen Wert der gemäßigten Zufriedenheit – beispielsweise den Wert drei – entschieden hätte, welchen Schluss hätte der Hoteldirektor daraus ziehen sollen? Das sind rhetorische Fragen, denn die Antworten sind klar: Der Erkenntnisgewinn solcher standardisierten Befragungen ist außerordentlich gering, und insofern ist es auch kein Wunder, dass die entsprechenden Daten zwar meist routinemäßig erhoben, aufbereitet und in Reports berichtet, aber kaum genutzt werden.[8]

Um wirklich aussagefähige Ergebnisse zu bekommen, bedarf es einer anderen Methode, einer Methode, die zwei Anforderungen erfüllt. Sie muss zum einen die Tatsache berücksichtigen, dass Dienstleistungen vom Kunden als Prozess erlebt, als eine Sequenz von Kontaktpunkten wahrgenommen werden. Zum anderen muss sie gewährleisten, dass das Kundenerleben plastisch und konkret als Ereignis vorstellbar wird, dass sie als Geschichte erzählt wird, so wie Thomas Mann die Geschichte von Tonio Krögers Hotelempfang erzählt. Eine Methode, die diese Anforderungen erfüllt, stellt die *Sequentielle Ereignismethode* dar.

LEKTION 4

Sequentielle Ereignismethode[9]

Die Sequenzielle Ereignismethode erfasst das Erleben der Kunden kontaktpunktspezifisch, indem sie das Blueprinting mit Elementen des Geschichtenerzählens (‚story telling') verknüpft. Im Kern handelt es sich um eine am Kundenprozess orientierte mündliche Befragung. Den Befragten wird ein Diagramm des Kundenpfades mit der üblichen Abfolge von Episoden vorgelegt. Auf dieser Grundlage werden sie gebeten, den Ablauf ihres Dienstleistungserlebens noch einmal gedanklich durchzugehen und für die einzelnen Kontaktsituationen ausführlich Ereignisse zu schildern, die sie als angenehm oder unangenehm erlebt haben. Man erhält auf diese Weise kleine Geschichten, beispielsweise darüber, wie man im Hotel empfangen wurde und wie man das Hotelzimmer empfunden hat. Es sind die Geschichten, die Kunden auch anderen in ihrem sozialen Umfeld erzählen, ihrer Familie, Freunden und Kollegen, wenn sie nach ihren Erfahrungen gefragt werden. Wesentlicher Vorteil dieser Methode ist es, dass die Auswertung der Geschichten sehr detaillierte und wertvolle Informationen über die von den Kunden wahrgenommene Dienstleistungsqualität, über positive und negative Konsumerfahrungen liefert. Diese geben eindeutige und konkrete Hinweise auf wahrgenommene Stärken und Schwächen, enthalten also Informationen, die unmittelbar für Maßnahmen zur Verbesserung und Korrektur genutzt werden können. Als methodische Nachteile sind anzuführen, dass die Befragungen aufwändig sind,

> die Ergebnisse keinen repräsentativen Charakter haben und keinen quantitativen Vergleich mit früheren Erhebungen darstellen. Allerdings dient die Methode auch nicht der Marktforschung, sondern dem Verständnis des Kundenerlebens und der darauf aufbauenden kundenorientierten Qualitätsverbesserung.

Die Sequentielle Ereignismethode eignet sich vor allem dazu, Routinesituationen eines Dienstleistungskonsums aus Kundensicht zu erklären und zu verstehen. Bei einem Hotelaufenthalt wie dem von Tonio Kröger gehört die Check-in-Episode genauso zu den Routinesituationen wie etwa der Aufenthalt im Zimmer oder der Besuch des Hotelrestaurants. Auf diese Situationen beziehen sich auch die Dimensionen der Dienstleistungsqualität, auf die sich in der Regel auch die Aufmerksamkeit und alle Anstrengungen des Qualitätsmanagements konzentrieren. Aber Dienstleistungen sind nicht völlig routinemäßig zu kontrollieren; immer wieder treten unerwartete bzw. nicht oder nur schwer vorhersehbare Vorfälle auf. Es ist schon fast eine Regel für Dienstleister, dass Ausnahmen von der Regel passieren. Insofern kommt es für Dienstleister auch darauf an, nicht nur die Routineprozesse zu beherrschen, sondern auch richtig zu reagieren, wenn eine Ausnahmesituation vorliegt.

Eine solche Ausnahmesituation erlebt auch Tonio Kröger während seines Hotelaufenthalts in dem lübeckartigen Städtchen.

Tonio Kröger unter Verdacht

Als er abreisen will, wird Tonio Kröger gebeten, zum Besitzer des Hotels, Herrn Seehase, zu kommen, der allerdings keineswegs allein ist.

„Bei ihm, an einem kleinen, an der Wand befestigten Pultbrett, stand, den Helm auf dem Kopf, ein Polizist, welcher seine behandschuhte Rechte auf einem buntbeschriebenen Papier ruhen ließ, das vor ihm auf dem Pulte lag, und Tonio Kröger mit seinem ehrlichen Soldatengesicht so entgegensah, als erwartete er, daß dieser bei seinem Anblick in den Boden versinken müsse."[10]

Es besteht nämlich der Verdacht, bei ihm könne es sich um ein gesuchtes Individuum handeln, das *„von unbekannten Eltern und unbestimmter Zuständigkeit wegen verschiedener Betrügereien und anderer Vergehen von der Münchener Polizei verfolgt wird und sich wahrscheinlich auf der Flucht nach Dänemark befindet"*.[11] Tonio Kröger, der keine Reisepapiere dabei hat, was ihn besonders verdächtig macht, verzichtet auf den Hinweis, dass er *„von Geburt kein Zigeuner im grünen Wagen, sondern der Sohn Konsul Krögers, aus der Familie der Kröger"*[12] ist, dennoch gelingt es ihm, unter Vorweisen der Korrekturfahne eines umfangreichen Manuskripts den Verdacht auszuräumen.

Selbstverständlich handelt es sich für Tonio Kröger um ein ganz besonderes negatives Ausnahmeerlebnis. In seiner Heimatstadt nicht nur unbekannt, unerkannt, geschweige denn als erfolgreicher Autor geachtet und gewürdigt, wird er, der zu Beginn seines Aufenthalts noch als schwer einordbarer bürgerlicher Gast taxiert wurde, nun als hergelaufener Betrüger, als fragwürdiges Individuum behandelt. Und das

Interessante ist dabei, dass dieses Ereignis mit der eigentlichen Dienstleistung gar nichts zu tun hat, aber wahrscheinlich das Erlebnis sein wird, das er nie mehr in seinem Leben vergessen und immer mit seinem Hotelaufenthalt in Verbindung bringen wird. Wenn er von Freunden nach seinen Erlebnissen und Eindrücken seiner Reise in die Heimatstadt gefragt wird, ist anzunehmen, dass er vor allem diese Episode beschreiben wird, wenn auch wohl eher im scherzhaften Ton und nicht mit dem Schmerz, den er empfunden hat und beim Erzählen wieder empfindet. Und damit ist nicht nur der Hotelaufenthalt von diesem negativen Ereignis kontaminiert, sondern die ganze Reise, der Besuch der Heimatstadt, sein Erinnern an die Stadt seiner Eltern, seiner Familie, seiner Kindheit.

Was das mit Dienstleistungsmanagement zu tun hat, wo doch polizeiliche Verdächtigungen von Kunden wohl die völlige Ausnahme und zudem vom Management nicht zu verhindern sind? Die Antwort auf diese Frage und damit die Botschaft von Tonio Krögers Erlebnis ist etwas allgemeiner zu formulieren. Sie besagt, dass man für die Erreichung eines exzellenten, mehr als zufriedenstellenden Kundenerlebens wissen muss, was Kunden wirklich freut und was sie ärgert, was sie begeistert und was sie schmerzt. Und man muss wissen, welche Ausnahmen vorkommen können, was Kunden in diesen Situationen empfinden und wie man angemessen, im Kundensinne richtig reagiert. Viele dieser Abweichungen von der Routine sind im strengen Sinne nur Ausnahmen aus Kundensicht, für Dienstleister treten sie aber immer wieder auf. So wissen Hoteliers, dass Hotelkunden etwas in ihrem Zimmer vergessen oder kurz vor dem geplanten Opernbesuch sofort eine Krawatte benötigen.

Sie sollten daher auch nicht völlig überrascht sein, wenn die Polizei einmal ein Gespräch mit einem Gast zu führen wünscht. Das heißt: Dienstleister müssen nicht nur durchgehend hohe Routinequalität liefern, sondern auch die höhere Kunst der Ausnahmequalität beherrschen.

LEKTION 5
Routine- und Ausnahmequalität[13]

Leonard Berry, ein amerikanischer Pionier der Dienstleistungsforschung, hat als Erster auf die Existenz zweier grundlegender Typen der Servicequalität hingewiesen. Zum einen geht es um die Routinequalität, nämlich das Qualitätsniveau, zu dem die übliche, routinemäßige Dienstleistung erbracht wird. Sie liegt beispielsweise vor, wenn das reservierte Hotelzimmer zur Verfügung steht, das Bad sauber und die Hotelrechnung korrekt ist. Der zweite Typ, die Ausnahmequalität, bezieht sich auf das Qualitätsniveau, auf dem das Unternehmen in Ausnahmesituationen reagiert. Hier geht es vor allem um Vorfälle, in denen aus Kundensicht Probleme auftreten, beispielsweise weil im Hotelzimmer die Heizung ausfällt oder die Kunden den Zimmerschlüssel verloren haben. Solche Ausnahmesituationen erfordern auf Seiten des Dienstleisters eine Problemlösungskultur und entsprechende Prozesse und Kompetenzen. Um hier schnell und im Kundensinne eine angemessene Problemlösung anbieten zu können, bedarf es einer ausreichenden Zahl gut ausgebildeter und kreativer Mitarbeiter, denen Handlungsspielräume zugestanden werden und die diese im Sinne des Kunden auch auszuschöpfen verstehen. Leonard Berry verbindet seine Charakterisierung dieser beiden Typen der Dienstleistungsqualität mit einer eindeutigen Empfehlung: Dienstleister sollten nach einem perfekten Service in Routinesituationen streben, aber auf Ausnahmen vorbereitet sein, insbesondere auf diejenigen, in denen etwas schiefgeht. Denn die Reaktion auf solche Ausnahmesituationen sei der eigentliche ‚Säuretest' für die unternehmerische Dienstleistungsqualität.

Ein exzellenter Dienstleister muss daher selbst auf die unangenehmen Ereignisse vorbereitet sein, an denen er keine Schuld trägt und die er nicht verhindern kann. Dabei geht es in jedem Fall darum, die Unannehmlichkeiten der Situation für den Kunden so weit wie möglich zu reduzieren, und in allen Fällen – also auch wenn hierzu Einflussmöglichkeiten fehlen – sollte man wenigstens sein Bedauern über die eingetretenen Probleme und den aufgetretenen Ärger zum Ausdruck bringen.

Letzteres ist es denn auch, was Herr Seehase, der Hoteldirektor, versucht, wenn auch aus Tonio Krögers Perspektive nicht ganz überzeugend. Nachdem der Hotelgast zum Nachweis seiner Identität die Korrekturfahne seines Manuskripts vorgezeigt hat, ist es der Direktor, der auf die Beendigung des Befragung durch den Polizisten Petersen drängt.

„Nun, das genügt!' sagte Herr Seehase mit Entschluss, raffte die Blätter zusammen, faltete sie und gab sie ihm zurück. ‚Das muss genügen, Petersen!' wiederholte er kurz, in dem er verstohlen die Augen schloß und abwinkend den Kopf schüttelte. ‚Wir dürfen den Herrn nicht länger aufhalten. Der Wagen wartet. Ich bitte sehr, die kleine Störung zu entschuldi-

gen, mein Herr. Der Beamte hat ja nur seine Pflicht getan, aber ich sagte ihm sofort, daß er auf falscher Fährte sei…'

So? Dachte Tonio Kröger.

Der Polizist schien nicht ganz einverstanden; er wandte noch etwas ein von ‚Individuum' und ‚vorweisen'. Aber Herr Seehase führte seinen Gast unter wiederholten Ausdrücken des Bedauerns durch das Vestibül zurück, geleitete ihn zwischen den beiden Löwen hindurch zum Wagen und schloß selbst unter Achtungsbezeugungen den Schlag hinter ihm. Und dann rollte die lächerlich hohe und breite Droschke stolpernd, klirrend und lärmend die steilen Gassen hinab zum Hafen …

Dies war Tonio Krögers seltsamer Aufenthalt in seiner Vaterstadt."[14]

Damit endet also der Heimatbesuch, aber nicht die Reise Tonio Krögers. Im Hafen besteigt er ein Schiff und fährt über das Meer seiner Kindheit, die Ostsee, nach Kopenhagen und weiter an einen kleinen Badeort, wo er ein stilles Hotelleben führt, bis eines Tages Ausflügler erscheinen und feiern und darunter ein junges blondes Paar ist, das Tonio Kröger weh- und schwermütig an Hans Hansen und Ingeborg Holm erinnern lässt; und mit besonderer Stärke bricht wieder der Neid hervor auf die so Lebenden, die Sehnsucht nach dem normalen, gewöhnlichen Leben, und er fühlt den Schmerz, der sich aus dem Wissen ergibt, dass ihm als Künstler ein solches Leben verwehrt ist.

Quellenangaben

3   Mann, T.: Lübeck als geistige Lebensform, in: Mann, T.: Über mich selbst – Autobiographische Schriften, Gesammelte Werke in Einzelbänden, Frankfurter Ausgabe, hrsg. von Mendelsohn, P. de, Frankfurt 1983, S. 29, 45.
4   Mann, T.: Tonio Kröger, in: Mann, T.: Frühe Erzählungen, Gesammelte Werke in Einzelbänden, Frankfurter Ausgabe, hrsg. von Mendelsohn, P. de, Frankfurt 1981, S. 311.
5   Stauss, B.: „Augenblicke der Wahrheit" in der Dienstleistungserstellung – Ihre Relevanz und ihre Messung mit Hilfe der Kontaktpunkt-Analyse, in: Bruhn, M./Stauss, B. (Hrsg.): Dienstleistungsqualität, 3. Aufl., Wiesbaden 2000, S. 321-340.
6   Parasuraman, A./Zeithaml, V.A./Berry, L.L.: A conceptual model of service quality and its implications for future research, in: Journal of Marketing, 49. Jg. 1985, Nr. 4, S. 41-50.
7   Shostack, G.L.: Service positioning through structural change, in: Journal of Marketing, 51. Jg. 1987, Nr. 1, S. 34-43; Kleinaltenkamp, M.: Blueprinting – Grundlage des Managements von Dienstleistungsunternehmen, in: Woratschek, H. (Hrsg.): Neue Aspekte des Dienstleistungsmarketing, Wiesbaden 2000, S. 3-28.
8   Stauss, B.: Sind Zufriedenheits-Informationen irrelevant? Zur geringen Nutzung von Kundenzufriedenheits-Informationen, in: Bayón, T./Herrmann, A./Huber, F. (Hrsg.): Vielfalt und Einheit in der Marketingwissenschaft, Wiesbaden 2007, S. 237-255.
9   Stauss, B./Weinlich, B.: Die Sequentielle Ereignismethode – ein Instrument der prozeß-orientierten Messung von Dienstleistungsqualität, in: der markt – Zeitschrift für Absatzwirtschaft und Marketing, 35. Jg. 1996, Nr. 136, S. 49-58.
10 Mann, T.: Tonio Kröger, a.a.O., S. 317-318.
11 Ebenda, S. 319.
12 Ebenda.
13 Berry, L.L.: Big ideas in services marketing, in: The Journal of Consumer Marketing, 3. Jg. 1993, Nr. 2, S. 47-51.
14 Mann, T.: Tonio Kröger, a.a.O., S. 320.

Thomas und Katia Mann bei der Abfahrt ihres Zuges aus Lübeck (1955)
© STR / picture-alliance / Keystone / Thomas-Mann-Archiv

Das Eisenbahnunglück

Der Ich-Erzähler dieser Novelle wird nicht namentlich genannt, aber es gibt gute Gründe, ihm den Namen Thomas Mann zu geben. Denn der Erzähler ist Schriftsteller und befindet sich auf der Reise von München zu einem Vortrag nach Dresden, eingeladen von Förderern der Literatur, als der Vorfall passiert. Tatsächlich hat Thomas Mann auf einer Reise nach Dresden ein Eisenbahnunglück erlebt. Und selbstverständlich fuhr auch der reale Thomas Mann wie sein literarisches Ebenbild auf dieser Strecke mit dem Nachtzug, und natürlich nahm er den Schlafwagen erster Klasse: *„Ich benützte also den Schlafwagen, hatte mir tags zuvor ein Abteil erster Klasse gesichert und war geborgen."*[15]

Schon in diesem Satz ist von einem zentralen Aspekt des Dienstleistungskonsums die Rede: der Sicherheit. Einer Sicherheit, die hier schon teilweise aus der vorgenommenen Reservierung folgt, sich aber vor allem aus der Tatsache ergibt, dass man erster Klasse fährt, die höchste Qualität garantiert, und das in einer Zeit, als es sogar noch eine vierte Klasse gab, die den harten Namen ‚Holzklasse' verdiente. Sicherheit und Geborgenheit in einem luxuriösen Abteil erster Klasse, in dem der Erzähler die Tür von innen verriegeln kann und sich *„endgültig untergebracht und in Sicherheit weiß"*.[16]

Sicherheit ist bei Dienstleistungen ein besonders wichtiges Thema, und zwar als Folge des neben der Kundenbeteiligung (oder ‚Integrativität') zweiten charakteristischen Merkmals einer Dienstleistung, der Immaterialität (oder

,Intangibilität'). Der Kunde einer nicht greifbaren, nicht physisch präsenten Dienstleistung geht ein vergleichsweise hohes Risiko ein. Denn anders als beim Kauf eines Sachgutes kann er sich vor dem Kauf kaum sicher sein, ob er wirklich die versprochene bzw. gewünschte Qualität erhält, weil Dienstleistungen meist wenige Suchqualitäten, aber ein hohes Maß an Erfahrungs- und Vertrauensqualitäten aufweisen.

LEKTION 6

Such-, Erfahrungs- und Vertrauensqualität[17]

Eigenschaften, die ein Kunde vor dem Kauf oder Gebrauch überprüfen kann, werden Suchqualitäten (,search qualities') genannt. Materielle Produkte weisen in der Regel ein hohes Maß an Suchqualitäten auf, da sie in Augenschein genommen oder sogar ausprobiert werden können. Bei Dienstleistungen liegt dagegen eine andere Situation vor. Da die meisten Dienstleistungen nur als Leistungsversprechen verkauft und dann gleichzeitig produziert und konsumiert werden, ist für den Kunden eine Leistungsüberprüfung in der Vorkaufphase nicht möglich. Ob ein Bankberater tatsächlich kompetent oder eine Flugbegleiterin freundlich sein wird, kann der Kunde vor dem Beratungsgespräch bzw. vor dem Flug nicht feststellen, sondern erlebt es erst während des Kontaktes. Bei Dienstleistungen dominieren somit Erfahrungsqualitäten (,experience qualities'), also Qualitätsmerkmale, die wir erst während des Dienstleistungsprozesses erfahren. Und in vielen Fällen weisen Dienstleistungen sogar einen großen Anteil an

Vertrauensqualitäten (‚credence qualities') auf. Das sind Merkmale, deren Qualität man als Kunde nicht einmal während oder nach dem Konsum beurteilen kann, weil es unmöglich ist zu wissen oder zu überprüfen, ob der chirurgische Eingriff perfekt durchgeführt oder der erfolgte Austausch eines Ersatzteils im Rahmen von Wartungsarbeiten am Auto wirklich notwendig war. Bei Gütern mit erheblichem Anteil an Erfahrungs- und Vertrauensqualitäten verspürt der Kunde ein besonders hohes Maß an Unsicherheit.

Das Sicherheitsempfinden des Eisenbahnreisenden

Der Mangel an Sucheigenschaften und das daraus resultierende erhöhte wahrgenommene Risiko gelten gerade auch für eine Reise mit Verkehrsmitteln wie der Bahn. Eine konkrete Bahnfahrt kann der Kunde nicht vor dem Kauf testen. Selbst mit einer Reservierung, die ihm einen Platz im Zug zusichert, kann er sich nicht völlig darauf verlassen, dass der Zug wirklich pünktlich abfährt oder ankommt. Er kann nicht einmal ganz sicher sein – wie diese Novelle zeigt –, ob der Zug überhaupt sein Ziel erreicht. Welche Leistung und welches Qualitätsniveau der Kunde erhält, erfährt er erst während oder nach der Nutzung.

Das Unsicherheitsgefühl bezieht sich auch auf das Gepäck, von dem der Reisende hofft, dass es am Zielort vollständig und heil ankommt. Heutzutage lassen viele Bahnreisende ihr Gepäck mit einem unguten Risikogefühl zurück, wenn sie kurzzeitig das Abteil verlassen, etwa um den Speisewagen aufzusuchen. Zur Zeit unserer Novelle wurde das Gepäck gesondert im Gepäckwagen transportiert. Es war daher für die gesamte Dauer der Fahrt der Aufsicht des Besitzers entzogen. Und so wie heute viele Flugreisende am Ankunftsflughafen nervös am Förderband warten und gespannt schauen, ob und wenn ja in welchem Zustand ihr Koffer ausgespuckt wird, so nervös ist unser bahnreisender Erzähler. In dem Koffer nämlich, den er aufgegeben hat, befindet sich das für ihn wertvolle Manuskript (*„mein Stolz und Mühsal, das Beste von mir"*[18]), von dem keine Abschrift existiert und das auf keinen Fall verloren gehen darf.

Der Reisende macht sich also Sorgen, und er sucht – wie alle Dienstleistungskunden in vergleichbarer Situation – nach so genannten Schlüsselinformationen, die er als Indiz für die Qualität der Leistung, in diesem Fall für die Sicherheit seines Manuskripts, heranziehen kann. Da er die immaterielle, zu diesem Zeitpunkt noch gar nicht begonnene Dienstleistung nicht beurteilen kann, schaut er sich nach beobachtbaren, möglichst vertrauensbildenden Signalen um.

Da fällt sein Blick auf die Bahnbeamten, insbesondere den Schaffner:

„Zwei rüstige Männer zogen einen Handkarren mit großem Gepäck den Zug entlang nach vorn zum Gepäckwagen. Ich erkannte wohl, an gewissen vertrauten Merkmalen, meinen eigenen Koffer. Da lag er, ein Stück unter vielen, und auf seinem Grunde ruhte das kostbare Konvolut. Nun dachte ich, keine Besorgnis, es ist in guten Händen! Sieh diesen Schaffner an mit dem Lederbandelier, dem gewaltigen Wachtmeisterschnauzbart und dem unwirsch wachsamen Blick. Sieh, wie er die alte Frau in der fadenscheinigen schwarzen Mantille anherrscht, weil sie um ein Haar in die zweite Klasse gestie-

gen wäre. Das ist der Staat, unser Vater, die Autorität und die Sicherheit. Man verkehrt nicht gern mit ihm, er ist streng, er ist wohl gar rauh, aber Verlaß, Verlaß ist auf ihn, und dein Koffer ist aufgehoben wie in Abrahams Schoß."[19]

Was gibt dem Kunden nun Gewissheit, dass sein Koffer in sicherer Obhut ist? Kein objektives Sicherheitsmoment, sondern Aussehen und Verhalten des Schaffners. Der gewaltige Schnauzer des Schaffner als wesentliche Schlüsselinformation: Es ist ein *Wachtmeisterschnauzbart*, der ihm zusammen mit der Uniform den Anschein eines Polizisten gibt, der ja geradezu Sicherheit und Ordnung verkörpert. Der Schaffner vertritt den Staat, und im wilhelminischen Deutschland, in dem sich Thomas Mann und der Erzähler während der Reise befinden, ist dies der autoritäre preußische Kaiserstaat, in dem den Untertanen nur die Rolle der fraglos Gehorchenden zukommt. Als Vertreter des Staates hat der Schaffner die staatliche Autorität und die Macht, für Sicherheit zu sorgen. Und sein Verhalten zeigt, wie gut er dazu in der Lage ist. Sein *unwirsch wachsamer Blick* sieht jederzeit, ob alle Regeln eingehalten werden; und wie er die alte Frau in dem dünnen Mäntelchen *anherrscht*, die im Begriff ist, einen Fehler zu machen, zeigt überzeugend, dass er die Einhaltung der Regeln auch durchzusetzen vermag. Ein Mann des Staates, der nicht nur einen Schnauzer trägt, sondern die Leute auch anschnauzt. Das widerspricht zwar dem heutigen Verständnis von einer kundenorientierten Kommunikation und klang schon damals recht *streng* oder *gar rau*, aber es signalisiert vor allem *Verlass*, Verlässlichkeit, Sicherheit, gibt Vertrauen. Der Koffer ist sicher. Das Manuskript ist sicher. Da kann ich mir sicher sein, denkt Thomas Mann.

Doch des Erzählers Sicherheitsgefühl verwandelt sich relativ bald nach Reisebeginn und sehr abrupt in massive Unsicherheit, denn es passiert das Eisenbahnunglück, das der Novelle seinen Namen gibt. Wie sich später herausstellt, war der Schnellzug wegen einer defekten Weiche auf ein falsches Gleis geraten und auf einen Güterzug aufgefahren.

Die Reisenden kommen mit leichten Blessuren und dem Schrecken davon. Nur der Gepäckwagen scheint zertrümmert, so dass die anfänglichen Sorgen des Erzählers um sein Manuskript nicht nur wiederkehren, sondern sich zu blanker Angst um sein Werk steigern. Auch in dieser Situation sucht er Halt beim Personal, aber dieser Halt ist nicht mehr gegeben:

„Ein Beamter läuft ohne Mütze den Zug entlang, es ist der Stationschef, und wild und weinerlich erteilt er Befehle an die Passagiere, um sie in Zucht zu halten und von den Geleisen in die Wagen zu schicken. Aber niemand achtet sein, da er ohne Mütze und Haltung ist. Beklagenswerter Mann! Ihn traf wohl die Verantwortung. Vielleicht war seine Laufbahn zu Ende, sein Leben zerstört. Es wäre nicht taktvoll gewesen, ihn nach dem großen Gepäck zu fragen.

Ein anderer Beamter kommt daher – er hinkt daher, und ich erkenne ihn an seinem Wachtmeisterschnauzbart. Es ist der Schaffner, der unwirsch wachsame Schaffner von heute abend, der Staat, unser Vater. Er hinkt gebückt, die eine Hand auf sein Knie gestützt und kümmert sich um nichts als um dieses sein Knie."[20]

Der Stationschef hat nicht nur seine Mütze verloren, sondern mit seiner Mütze auch Haltung und Autorität. Kein Mensch folgt seinen Befehlen, die er keineswegs besonnen und mit Nachdruck, sondern *wild* und *weinerlich* erteilt.

Statt von ihm noch Orientierung, eine Information oder auch nur irgendetwas zu erwarten, erweckt der *beklagenswerte* Mann allenfalls Mitleid, und man behelligt ihn nicht mit seinen kleinen Kundenproblemen. Auch der zu Beginn noch so eindrucksvolle Schaffner hat alle Attribute der Sicherheit eines väterlichen Staates eingebüßt. Er ist lädiert, *hinkt gebückt* herum, und anstatt sich um die Kunden, ihre Sicherheit und ihre Probleme zu kümmern, kümmert er sich allein um sein Knie.

Die Botschaft dieser Episode für Dienstleister ist sehr klar: Servicekunden empfinden ein relativ starkes Risiko und sie versuchen daher, die Höhe dieses Risikos abzuschätzen. Dazu suchen sie aktiv nach ihnen zugänglichen Informationen, die sie als Indikatoren für die eigentlich in der Situation nicht zu beurteilende Qualität heranziehen. Das äußere *Erscheinungsbild der Mitarbeiter* im Kundenkontakt sendet solche stark wirkenden Schlüsselinformationen.

LEKTION 7

Erscheinungsbild der Mitarbeiter als Schlüsselinformation[21]

Schlüsselinformationen sind Informationen, die Kunden heranziehen, um die Qualität eines Produktes oder einer Dienstleistung abzuschätzen. Dabei wenden sie häufig einfache Denkprogramme an, indem sie von der Einschätzung einer Produkteigenschaft auf die Qualität anderer Produkteigenschaften oder die Gesamtqualität des Angebots schließen. Schlüsselinformationen bei Dienstleistungen sind in der Regel die wenigen materiellen Sucheigenschaften, die der Kunde in der Vorkaufphase wahrnimmt und zu denen vor allem auch das Erscheinungsbild der Mitarbeiter gehört. Empirische Studien belegen etwa, dass die Kleidung eines Rechtsanwalts maßgeblich die Vorstellung potenzieller Klienten darüber bestimmt, ob sie einen erfolgreichen oder erfolglosen, einen teuren oder billigen, einen mehr oder weniger vertrauenswürdigen Anwalt vor sich haben. Patienten schließen von einem schmutzigen Kittel einer Krankenschwester nicht nur auf die fehlende Sauberkeit und Nachlässigkeit dieser Pflegekraft oder auf die mangelnde Einhaltung von Hygienevorschriften in der Klinik, sondern auch auf eine fehlende Sorgfalt bei ärztlichen Leistungen. Analoges gilt für das Arbeitsumfeld. So hat sich gezeigt, dass Reisebürokunden das Chaos auf dem Schreibtisch als Indiz für die Unzuverlässigkeit des Mitarbeiters bei der Beratung heranziehen.

Dementsprechend müssen Dienstleister über präzise Kenntnisse darüber verfügen, welche spezifischen Unsicherheitsgefühle die Kunden haben, welche Signale sie zur Unsicherheitsreduktion heranziehen und wie selbst kleine Details des Erscheinungsbildes und des Mitarbeiterverhaltens wirken. Als Reisender kann man heutzutage sicherlich dankbar sein, dass die modernen Zugbegleiter der Deutschen Bahn nicht mehr als obrigkeitsstaatliche Hilfspolizisten auftreten und einem desorientierten Kunden eher zu Hilfe kommen, anstatt ihn anzuherrschen. Immerhin haben sich ja auch das Selbstverständnis des Eigentümers Staat, der Bahn als Unternehmen und des Bürgers und Kunden entscheidend verändert. Aber auch die modernen Zugbegleiterinnen und Zugbegleiter tragen – wie ihre Kollegen in der Luft – weiterhin Uniform und sind damit nicht nur als Mitarbeiter ihres Unternehmens erkennbar, sondern auch als diejenigen, die das Recht und die Autorität haben, – wenn nötig – Anweisungen zu geben, denen nachzukommen ist.

Auch Dienstleistungsunternehmen, bei denen Sicherheit aus Kundensicht nicht die entscheidende Qualitätsdimension darstellt und deren Mitarbeiter keine Uniformen tragen, werden häufig nicht darauf verzichten können, Verhaltensrichtlinien in Bezug auf das Erscheinungsbild ihrer Mitarbeiter aufzustellen. Viele Unternehmen aus verschiedenen Dienstleistungsbranchen von der Hotel- und Freizeitindustrie bis zum Bankbereich verfügen über Dress Codes mit Vorschriften in Bezug auf (nicht) zulässige Formen von Kleidung, Haartracht, Schmuck, Piercing oder Tätowierungen.[22] Diese erscheinen im Hinblick auf den gewünschten Qualitätseindruck als notwendig und gerechtfertigt, sofern sie nicht durch ihren außergewöhnlichen Detaillierungsgrad als unverhältnismäßige Einschränkung von Persönlichkeitsrechten der Mitarbeiter arbeitsgerichtliche Grenzen überschreiten und zu einer empörten öffentlichen Diskussion führen.[23]

Doch zurück zur Eisenbahnfahrt. Oder besser noch etwas weiter zurück, nämlich zu dem Zeitpunkt, bevor der Zug abfährt, als noch auf die Abfahrt gewartet wird, als man die Situation beobachtet, die Bahnbeamten, den Schaffner, aber auch die Mitreisenden, die ja wesentlicher Teil der kollektiven Dienstleistung Bahnfahrt sind. Dabei ist auch zu sehen, dass sich der vermeintliche König Kunde keineswegs immer königlich verhält.

Das Eisenbahnunglück

Der mitreisende Problemkunde

Der Blick des Erzählers bleibt bei einer auffallenden Erscheinung hängen:

„Ein Herr lustwandelt auf dem Perron, in Gamaschen und gelbem Herbstpaletot, einen Hund an der Leine führend. Nie sah ich ein hübscheres Hündchen. Es ist eine gedrungene Dogge, blank, muskulös, schwarz gefleckt und so gepflegt und drollig wie die Hündchen, die man zuweilen im Zirkus sieht und die das Publikum belustigen, indem sie aus allen Kräften ihres kleinen Leibes um die Manege rennen. Der Hund trägt ein silbernes Halsband, und die Schnur, daran er geführt wird, ist aus farbig geflochtenem Leder. Aber das alles kann nicht wundernehmen angesichts seines Herrn, des Herrn in Gamaschen, der sicher von edelster Abkunft ist. Er trägt ein Glas im Auge, was seine Miene verschärft, ohne sie zu verzerren, und sein Schnurrbart ist trotzig aufgesetzt, wodurch seine Mundwinkel wie sein Kinn einen verachtungsvollen und willensstarken Ausdruck gewinnen. Er richtet eine Frage an den martialischen Schaffner, und der schlichte Mann, der deutlich fühlt, mit wem er es zu tun hat, antwortet ihm, die Hand an der Mütze. Da wandelt der Herr weiter, zufrieden mit der Wirkung seiner Person."[24]

Dieser Herr ist wirklich eine königliche Erscheinung. *Gelber Herbstpaletot* und *Gamaschen* sind ebenso Ausweis *edelster Abkunft* wie das Hündchen am *silbernen Halsband*. Und dann die Mimik: ein durch das Monokel verschärfter Blick; Mundwinkel und Kinn, die *Willensstärke* und *Verachtung* zum Ausdruck bringen. Und angesichts dieser königlichen Erscheinung verändert auch der eben noch martialische, wachtmeisterartige Schaffner sein Verhalten. Der als gesellschaftlich überlegen, als König auftrumpfende Kunde wird nicht angeherrscht, sondern diensteifrig gegrüßt. Und der Diensteifer, die Unterwerfungsgeste ist es, die den Kunden zufrieden macht. Er hatte sich zwar mit einer Frage an den Schaffner gewandt, aber nicht die wahrscheinlich korrekte Antwort macht ihn glücklich, sondern die *Wirkung seiner Person* auf den Mitarbeiter. Sicherlich hatte der Herr den Kontakt zum Schaffner gar nicht wegen eines Informationsdefizits gesucht, sondern um Befriedigung aus dem Rollenspiel, aus dem Erleben der erwünschten Unterwürfigkeit zu ziehen. Der Schaffner im hierarchisch klar gegliederten Klassenstaat des Kaiserreichs akzeptiert diese Rollenzuweisung fraglos. Aber auch in der heutigen demokratischen Wirklichkeit treten Kunden so auf, und es stellt sich die Frage, ob Mitarbeiter auch heute noch eine solche Rollenzuweisung akzeptieren müssen.

Diese Frage verschärft sich noch, wenn man das weitere Verhalten des Herrn mit dem königlichen Gebaren beobachtet, denn der Erzähler kann seinen Blick kaum von ihm abwenden: „Ich kann mich nicht satt an ihm sehen.

Als es ihn an der Zeit dünkt, steigt er ein (der Schaffner wandte gerade den Rücken). Er geht im Korridor hinter mir vorbei, und obgleich er mich anstößt, sagt er nicht ‚Pardon!' Was für ein Herr! Aber das ist nichts gegen das Weitere, was nun folgt: Der Herr nimmt, ohne mit der Wimper zu zukken, seinen Hund mit sich in sein Schlafkabinett hinein! Das ist zweifellos verboten. Wie würde ich mich vermessen, einen Hund mit in den Schlafwagen zu nehmen. Er aber tut es kraft seines Herrscherrechtes im Leben und zieht die Tür hinter sich zu."[25]

Der verwunderte, ironisch bewundernde und zugleich verurteilende Blick des Erzählers gilt einem Kunden, der in seinem gesamtem Verhalten Königstatus demonstriert. Der es im Bewusstsein, etwas Besseres zu sein, nicht nötig hat, sich zu entschuldigen; der über Sonderrechte verfügt, insbesondere über das *Herrschaftsrecht* des absolut Regierenden, gegen Regeln zu verstoßen, weil die Regeln nur für das dumme Volk, nicht aber für ihn gelten. Hat man je davon gehört, dass es einem König verwehrt wurde, seinen Schoßhund mit in die Kutsche zu nehmen?

Übertragen auf die heutige Situation, stellt sich die bereits gestellte Frage noch zugespitzter: Sollen Mitarbeiter bei Kunden, die ihren besonderen gesellschaftlichen Status hervorkehren bzw. diesen auch tatsächlich haben oder für das Unternehmen überdurchschnittlich wertvoll sind, Regelüberschreitungen tolerieren, obgleich es normalerweise zu ihren Dienstpflichten gehört, auf die Einhaltung der Regeln zu achten? Und – wenn ja – gilt dies auch in Situationen, wo dies – wie hier – von regelkonformen Mitkunden zu beobachten ist, was bei diesen zu Irritation, Ärger und dem Verlangen führen kann, nun ihrerseits die Regeln zur Disposition zu stellen?

Bevor auf diese Fragen eingegangen wird, setzen wir die Beobachtung des Mitreisenden fort, der sein herrschaftliches Kundenverhalten immer stärker auslebt. Diesmal geht es um die Fahrscheinkontrolle. Der Schlafwagenkondukteur hat gerade Thomas Manns Fahrschein überprüft und klopft nun beim Nachbarabteil, in das der edle Kunde mit Hund abgestiegen ist:

„Aber das hätte er lassen sollen, denn dort wohnte der Herr mit den Gamaschen, und sei es nun, daß der Herr seinen

Hund nicht sehen lassen wollte oder daß er bereits zu Bette gegangen war, kurz, er wurde furchtbar zornig, weil man es unternahm, ihn zu stören, ja, trotz dem Rollen des Zuges vernahm ich durch die dünne Wand den unmittelbaren und elementaren Ausbruch seines Grimmes. ‚Was ist denn?!' schrie er. ‚Lassen Sie mich in Ruhe – Affenschwanz!!' Er gebrauchte den Ausdruck ‚Affenschwanz' – ein Herrenausdruck, ein Reiter- und Kavaliersausdruck, herzstärkend anzuhören. Aber der Schlafwagenkondukteur legte sich aufs Unterhandeln, denn er mußte den Fahrschein des Herrn wohl wirklich haben, und da ich auf den Gang trat, um alles genau zu verfolgen, so sah ich mit an, wie schließlich die Tür des Herrn mit kurzem Ruck ein wenig geöffnet wurde und das Fahrscheinheft dem Kondukteur ins Gesicht flog, hart und heftig gerade ins Gesicht. Er fing es mit beiden Armen auf, und obgleich er die eine Ecke ins Auge bekommen hatte, so daß es tränte, zog er die Beine zusammen und dankte, die Hand an der Mütze. Erschüttert kehrte ich zu meinem Buch zurück."[26]

Der königliche Bahngast fühlt sich jetzt durch den Kontrolleur zur Unzeit belästigt, er verweigert die Kooperation, *schreit* ihn an, verwendet dabei herrschaftliche Kraftausdrücke und verletzt den Zugbegleiter sogar, als er ihm das Fahrscheinheft *hart* und *heftig* ins Gesicht wirft. Der königliche Bahngast ist damit geradezu ein Paradebeispiel für einen *Problemkunden* (oder ‚jaycustomer').

LEKTION 8

Problemkunden – ‚Jaycustomers'[27]

Kunden, die durch ein besonders auffälliges, unkooperatives und normverletzendes Verhalten den Dienstleis-

tungsprozess stören, werden als ‚Problemkunden' oder ‚jaycustomers' bezeichnet, wobei verschiedene Typen bzw. Ausprägungsformen auftreten:
(1) der Querulant, der die aggressive Auseinandersetzung sucht;
(2) der Beleidiger, der schreit, flucht, sarkastische Bemerkungen macht und den Mitarbeiter beschimpft;
(3) der Regelverletzer, der sich nicht an die geschriebenen und ungeschriebenen Regeln und Normen einer Dienstleistungsinteraktion hält; diese Kategorie umfasst eine weite Spanne von Verhaltensweisen, die vom Übertreten von Verboten bis zu störend abweichendem Verhalten im Umgang mit Begleitern, anderen Kunden und Mitarbeitern reicht;
(4) der extrem Anspruchsvolle, der überzogene Erwartungen formuliert, egozentrisch für sich die Ausnahme verlangt und zur Durchsetzung seiner überhöhten Forderungen sofort den Vorgesetzten sprechen will;
(5) der Respektlose, der Mitarbeiter mit besonderer Herablassung behandelt, seine überlegene Rolle arrogant ausspielt und damit sein eigenes Selbstwertgefühl zu erhöhen sucht;
(6) der Gewalttätige, der Mitarbeiter absichtlich körperlich bedrängt oder verletzt, sie stößt, tritt, schlägt, anspuckt oder aber Gewalt androht;
(7) der Belästiger, der Mitarbeiter durch Körpersprache, Kommentare und Berührungen sexuell belästigt.
Zwar treten solche Typen von Problemkunden in unterschiedlicher Häufigkeit auf, auch differiert ihr Auftreten branchenspezifisch. Dennoch handelt es sich nicht um Einzelfälle. So wird beispielsweise von einem starken

> Anstieg verbaler und physischer Gewalt im Flug- und Bahnverkehr berichtet, sodass verbale Angriffe von den Mitarbeitern bereits als alltägliche Erfahrung und ‚part of the job' erlebt werden.[28]

Unser königlicher Kunde in Paletot und Gamaschen vereint in sich gleich mehrere Typen eines Problemkunden: Er ist der Beleidiger und Regelverletzer, der Respektlose und Gewalttätige in einem. Und sein Verhalten wird vom Mitarbeiter hingenommen. Dieser tritt in *Unterhandlungen* ein mit dem störrischen Gast; auch grüßt und *dankt* er zur Verabschiedung, obgleich ihm als Folge des Wurfs die Augen tränen. Aber haben Mitarbeiter wirklich ein solch königliches Verhalten dankend zu tolerieren? Sind sie rechtlose Diener oder Sklaven am Hof von König Kunde und haben auch Beschimpfungen und andere Übergriffe hinzunehmen? All dies sind letztlich Fragen nach den Grenzen einer von Mitarbeitern noch zu erwartenden Kunden- bzw. Serviceorientierung.[29] Dieses Thema wurde in Theorie und Praxis lange vernachlässigt. Erst in den letzten Jahren beginnt eine intensivere Diskussion. Und darin wird offenbar, wie stark *Mitarbeiter unter Problemkunden leiden* und vor allem unter der Tatsache, ihrem Auftreten oft schutzlos ausgesetzt zu sein.

LEKTION 9

Negative Effekte von Problemkunden auf Mitarbeiter[30]

Die Konfrontation mit Problemkunden und das Ertragen ihres Verhaltens haben für Mitarbeiter nachweislich gravierende Folgen, wobei langfristige psychologische, kurzfristige emotionale, verhaltensbezogene und körperliche Wirkungen zu unterscheiden sind. Zu den langfristigen psychologischen Folgen gehören andauernde Gefühle der Entwürdigung, Wertlosigkeit, Erniedrigung und Demütigung, insbesondere ausgelöst durch respektloses und aggressives Kundenverhalten. Zudem treten anhaltend schmerzende psychologische Verletzungen auf, die in Angstzuständen oder Schlaflosigkeit zum Ausdruck kommen. Kurzfristige negative emotionale Effekte werden durch dysfunktionales Kundenverhalten vor allem in zweierlei Hinsicht ausgelöst. Zum einen erzeugt rüpelhaftes, aggressives und bedrohliches Kundenverhalten Furcht, Frustration, Verärgerung und Wut. Zum anderen verlangt der Umgang mit Problemkunden ein besonders hohes Maß an belastender Gefühlsarbeit mit entsprechender emotionaler Dissonanz, wenn es gilt, aggressive, beleidigende oder alkoholisierte Kunden zu besänftigen. Zusätzlich zu diesen psychologischen und emotionalen Wirkungen sind Verhaltenswirkungen festzustellen. Entsprechende Kundenaktionen wirken sich negativ auf die Arbeitsmoral, die Motivation und die Servicebereitschaft der Mitarbeiter aus, führen also zu einem generell weniger engagierten und empathischen Verhalten im Kundenkontakt. Dazu kommen im Fall körperlicher Angriffe gesundheitliche Beeinträchtigungen.

Wenn daher Mitarbeiter mit entsprechenden belastenden Situationen konfrontiert werden, besteht ein massiver Konflikt zwischen Kunden- und Mitarbeiterinteressen, und es stellt sich für das Management die Frage, ob es von den Mitarbeitern auch in den Fällen Serviceorientierung verlangen soll, in denen das Befolgen dieser Maxime stark negative Wirkungen auf das Wohlbefinden der Mitarbeiter hat.

Viele Unternehmen verdrängen den Konflikt, indem sie einseitig für den Kunden, also auch für den Problemkunden Partei ergreifen. Sie stellen entsprechende Prinzipien auf und kommunizieren diese intern oder auch extern gegenüber dem Kunden. Ein Beispiel für eine solche interne Kommunikation sind Handbücher, in denen gar nicht mehr allgemein von Kunden, sondern nur von „Mr. King" und „Mrs. Queen" die Rede ist, denen sich die Mitarbeiter offenbar bedingungslos zu unterwerfen haben. Der amerikanische Lebensmittelhändler Stew Leonard's verkündet seinen zentralen Grundsatz der Serviceorientierung und damit seine Maxime für das Mitarbeiterverhalten sogar auf tonnenschweren Granitsteinen, die vor den Eingängen seiner Läden platziert sind: „Rule 1: The Customer is Always Right; Rule 2: If the Customer is Ever Wrong, Re-Read Rule 1".[31]

In einem solchen Verständnis gibt es keine Ausnahme von der Regel des serviceorientierten Verhaltens, und der daraus resultierende Stress für die Mitarbeiter erscheint als selbstverständlicher Bestandteil der alltäglichen Arbeitsbelastung. Allerdings ist diese Extremposition schon in rein ökonomischer Betrachtung wenig rational. Wenn Mitarbeiter demotiviert, dauerhaft gestresst, entmutigt und krank werden, dann führt dies nicht nur zu erheblichen psychischen Kosten bei den Mitarbeitern, sondern über Produktivitätseinbußen, Qualitätsminderungen, Absentismus und Fluktuation auch zu unternehmerischen Kosten. Insofern wird auch ein stark gewinnorientiertes Unternehmen bestrebt sein, eine möglichst optimale Balance zwischen

Kunden- und Mitarbeiterorientierung zu finden. Insofern liegt hier durchaus ein ökonomischer Konfliktfall vor; allerdings besteht zugleich auch ein *ethisches Dilemma*.

Lektion 10
Das ethische Dilemma der Kundenorientierung[32]

Ein ethisches Dilemma tritt immer in den Situationen auf, in denen die Ausrichtung an der Maxime der Kundenorientierung grundlegende Werte und Rechte der Mitarbeiter verletzt. In vielen Dienstleistungsunternehmen ist Kundenorientierung ein zentraler organisationaler Wert, der unternehmenskulturell verankert ist und als Norm das Verhalten der Mitarbeiter lenken soll. Wenn aber die unternehmerische Forderung nach einem kundenorientierten Verhalten von den Mitarbeitern als unfair, demütigend und kränkend angesehen wird, weil sie aggressiv beschimpft, beleidigt oder respektlos behandelt werden, dann ist ein anderer wesentlicher unternehmerischer Wert tangiert, nämlich die Mitarbeiterorientierung. Das Management trägt für das Wohlergehen der Mitarbeiter Verantwortung und hat diese vor physischen und psychischen Schäden zu bewahren. Insofern stellt sich die Frage nach dem Verhältnis dieser Werte und ob bzw. in welchem Maße Manager zur Durchsetzung der Kundenorientierung Verletzungen von Werten der Mitarbeiter hinnehmen sollen oder können.

Zur Beantwortung dieser Frage erscheint es geboten, die in vielen Kulturen seit dem Altertum als ethische Norm bekannte Goldene Regel anzuwenden, nach der man andere so behandeln solle, wie man selbst behandelt werden will. Diese Norm gilt für alle Partner in einer Interaktion. Menschenwürde ist nicht nur Kundenwürde. In Bezug auf die Würde gibt es keine Rangreihung; die Würde des Kunden ist nicht höher als die Würde des arbeitenden Menschen einzuschätzen. Daraus ergibt sich folgende klare Handlungsregel: Die Kundenorientierung von Mitarbeitern findet im Dienstleistungskontakt dort ihre ethische Grenze, wo das Kundenverhalten die Würde des Mitarbeiters verletzt. Dementsprechend sind solche Verletzungen nicht zu akzeptieren. Wenn Manager von ihren Mitarbeitern die Hinnahme unwürdigen und herabwürdigenden Verhaltens anordnen, handeln sie unethisch. Ethisch richtig dagegen ist es, wenn sie ihre Mitarbeiter dabei unterstützen, unethisches Kundenverhalten zu vermeiden bzw. zurückzuweisen, auch unter Inkaufnahme von Kundenverlusten.

Das Servicemanagement, das ökonomische Ziele unter Beachtung ethischer Standards erreichen will, steht vor einer komplexen Aufgabe. Zur Sicherstellung der unternehmerischen Wettbewerbsfähigkeit hat es zum Ersten Kundenorientierung als unternehmerischen Wert durchzusetzen und damit auch von den Mitarbeitern ein an diesem Wert ausgerichtetes Verhalten zu fordern und zu fördern. Zum Zweiten muss es eine Grenze für die geforderte Kundenorientierung dort ziehen, wo das Kundenverhalten die Würde des Mitarbeiters verletzt. Zum Dritten muss es dafür sorgen, die psychischen Belastungen aufgrund problematischer Kundenkontakte für die Mitarbeiter möglichst gering zu halten, und ihnen den Umgang mit diesen Belastungen erleichtern. Darüber hinaus bedarf es einer Information und

Das Eisenbahnunglück

Lenkung der Kunden, um mit dem Hinweis auf nicht tolerierbares Fehlverhalten Voraussetzungen dafür zu schaffen, dass die persönlichen Hemmungen bei den Kunden ebenso gestärkt werden wie informelle Sanktionen durch andere Kunden.

Über informelle Sanktionen durch andere Kunden kann man auch in Thomas Manns Novelle *„Das Eisenbahnunglück"* etwas finden. Hier wird der anmaßend als König auftrumpfende Kunde vom Thron gestoßen, und zwar nicht durch den Mitarbeiter, nicht durch das Unternehmen, sondern zunächst durch die äußeren Umstände, das Unglück. Gar nicht königlich, sondern mit einer *von Angst entstellten Stimme* schreit er um Hilfe, stürzt mit *irren Blicken* und den Lieben Gott anflehend aus dem Abteil, hantiert kopflos mit dem Notwerkzeug und springt in Panik auf die Gleise. Viele Bahnreisende werden Zeuge, dass der sich als König aufspielende Kunde nichts Königliches mehr an sich hat. Und er erhält auch seinen königlichen Status nicht zurück. Denn als vergleichsweise schnell amtliche Hilfe in Form der Feuerwehr kommt, sich der Schaden auch am Gepäckwagen als äußerst gering erweist und die Reisenden ihre Fahrt in einem Ersatzzug fortsetzen, ist die gesellschaftliche Klassenteilung aufgehoben. Alle Reisenden drängen hier in die Abteile der ersten Klasse, und so sitzen sie, das anfangs in München angeherrschte alte Mütterchen, Thomas Mann und der *Herr mit den Gamaschen und Reiterausdrücken*, zusammen. Der Monokelträger ist *in eine Ecke* gedrängt, und niemand achtet auf sein Murren und seinen Versuch, *„sich aufzulehnen gegen den Kommunismus, gegen den großen Ausgleich vor der Majestät des Unglücks"*.[33] Er wird von Mitkunden zurechtgewiesen: *„San's froh, daß Sie sitzen!"*.[34]

und nicht nur in Thomas Manns ironischem Ton, sondern auch in der geschilderten offenen Schadenfreue kommt zum Ausdruck, wie sich die anderen Kunden freuen, dass für den abgedankten König Kunden keine Ausnahme mehr gemacht wird. Denn das Hündchen befindet sich auch nicht mehr in der ersten Klasse, sondern *„es sitzt, allen Herrenrechten zuwider, in einem finsteren Verlies gleich hinter der Lokomotive und heult".*[35]

Für die Reisenden geht das Unglück also sehr glimpflich aus. Keiner ist ernstlich verletzt. Niemand hat Unersetzliches im Gepäck eingebüßt, erwähnenswert ist allenfalls, dass Thomas Mann Dresden mit einer Verspätung von drei Stunden erreicht.

Auch der Zusammenbruch des väterlichen Staates und der Autorität des wilhelminischen Kaiserreichs ist nur eine Episode. Mit dem Eintreffen von Feuerwehr und Ersatzzug kam schnell *„etwas wie Ordnung in die Sache, und der Staat, unser Vater, gewann wieder Haltung und Achtung",*[36] und die Reisenden, die solcher Autorität so sehr bedürfen, sind sich ganz sicher, dass sie nur deshalb so gut das Unglück überstanden haben, weil der – von keinem gesehene – Zugführer im letzten Moment geistesgegenwärtig die Notbremse gezogen habe.

Die Novelle erschien erstmals im Jahre 1909, das Kaiserreich brach 1918 zusammen; der deutsche Wunsch nach autoritärer Führung hielt zum Schaden von Millionen noch viele weitere Jahre an. Das ist eine politische Dimension der Novelle. In gewisser Weise hat auch die dienstleistungsbezogene Konsequenz politischen Charakter. In einem demokratischen Staat mit der Idealvorstellung vom mündigen Bürger gilt das Leitbild der Mündigkeit grundsätzlich für alle Situationen, auch für die Kunden-Mitarbeiter-Interaktion als einen Dialog, in dem das Angebot zwar den Erwartungen und Wünschen der Kunden angepasst werden soll, der Dialog aber auf Augenhöhe stattfindet, nicht in einem Unterordnungsverhältnis, sondern unter Partnern. Die Luxus-Hotelkette Ritz Carlton bezeichnet dies sehr treffend und ganz prominent auf einem Kärtchen, das jeder Mitarbeiter bei sich führt und auf dem die Servicegrundsätze vermerkt sind: „We are Ladies and Gentlemen Serving Ladies and Gentlemen" oder in der etwas umständlicheren deutschen Variante: „Wir im Ritz-Carlton Hotel sind Damen und Herren, die anderen Damen und Herren einen Dienst erweisen".[37] Dies nicht nur zu formulieren, sondern alltäglich zu realisieren, ist eine der großen Herausforderungen des Servicemanagements.

Quellenangaben

15 Mann, T.: Das Eisenbahnglück, in: Mann, T.: Frühe Erzählungen, Gesammelte Werke in Einzelbänden, Frankfurter Ausgabe, hrsg. von Mendelssohn, P. de, Frankfurt 1981, S. 530.
16 Ebenda, S. 531.
17 Zeithaml, V.A.: How consumer evaluation processes differ between goods and services, in: Donelly, J.H./George, W.R. (Hrsg.): Marketing of services, Chicago 1981, S. 186-190.
18 Mann, T.: Das Eisenbahnglück, a.a.O, S. 538.
19 Ebenda, S. 531-532.
20 Ebenda, S. 537.
21 Bitner, M.J.: Evaluating service encounters: The effects of physical surroundings and employee responses, in: Journal of Marketing, 54. Jg. 1990, Nr. 2, S. 69-82.
22 Beispiel dresscode Disney Word: http://disney.go.com/DisneyCareers/wdwcareers/hourly/additionalinfo.thml, abgerufen am 6.7.2011; Beispiel dresscode UBS: UBS erlässt 40-seitige Kleiderordnung, FOCUS online: http://www.focus.de/finanzen/karriere/berufsleben/dresscode-ubs-erlaesst-40-seitige-kleiderordnung_aid_582068.html vom 15.12.2010, abgerufen am 6.7.2011.
23 Beispiel Urteil des Landesarbeitsgerichts zum Dresscode der Fluggastkontrolle am Flughafen Köln-Bonn, Az 3 TaBV 15/10 vom 18.8.2010.
24 Mann, T.: Das Eisenbahnglück, a.a.O., S. 532.
25 Ebenda, S. 532-533.
26 Ebenda, S. 533-534.
27 Lovelock, C.: Product plus: How product + service = competitive advantage, New York 1994; Harris, L.C./Reynolds, K.L.: Jaycustomer behavior: An exploration of types and motives in the hospitality industry, in: Journal of Services Marketing, 18. Jg. 2004, Nr. 5, S. 339-357.
28 Boyd, C.: Customer violence and employee health and safety, in: Work, Employment and Society, 16. Jg. 2002, Nr. 1, S. 166.
29 Stauss, B.: Das ethische Dilemma der Serviceorientierung, in: Burger, A./Kuhn, H./Kohmann, O. (Hrsg.): Gewinn und Ethik! Ethi-

sche Perspektiven in den Wirtschaftswissenschaften, Ingolstadt 2010, S. 143-173.
30 Harris, L.C./Reynolds, K.L.: The consequences of dysfunctional customer behavior, in: Journal of Services Research, 6. Jg. 2003, Nr. 2, S. 144-161.
31 http://www.stewleonards.com/html/about.cfm, abgerufen am 15.7.2011.
32 Stauss, B.: Das ethische Dilemma der Serviceorientierung, a.a.O.
33 Mann, T. Das Eisenbahnunglück, a.a.O., S. 539.
34 Ebenda, S. 540.
35 Ebenda, S. 539.
36 Ebenda.
37 http://corporate.ritzcarlton.com/en/about/goldstandards.htm#credo.

Szene aus dem Film ‚Bekenntnisse des Hochstaplers Felix Krull' (1957) mit Horst Buchholz als Felix Krull

© Beta Film / Deutsche Kinemathek

Bekenntnisse des Hochstaplers Felix Krull

Felix Krull wird zu Beginn der 70er Jahre des 19. Jahrhunderts im Rheingau als Sohn eines Lebemanns und zweifelhaften Sektfabrikanten geboren, der sein kostspieliges gesellschaftliches Leben über den Verkauf gepanschten Sekts finanziert und sich erschießt, als die Sektkellerei in Konkurs geht. Schon früh zeigt das Sonntagskind seinen ausgeprägten Hang zum Höheren, zum hochstaplerischen Rollenspiel und zur Lust an der Täuschung anderer. Dies wird durchaus von seinem familiären Umfeld gefördert. Als Kleinkind, noch Kleidchen tragend und im Kinderwagen sitzend, spielt er gern, Kaiser zu sein, und die Kinderfrau ist beauftragt, den kind-kaiserlichen Anspruch zu achten und auch jeden Begegnenden über diesen Sachverhalt zu unterrichten. Später lässt sein Vater den das Geigenspiel nur imitierenden Felix mit einem Kurorchester als vermeintliches Wunderkind auftreten und bejubeln; sein Pate, der Kunstmaler Schimmelpreester, porträtiert ihn zu seiner Freude in immer neuen Verkleidungen und Kostümen. Und durch genaue Beobachtung, Nachahmung und Übung vervollkommnet Felix sein schauspielerisches Können, sodass es ihm beispielsweise leichtfällt, Krankheiten so überzeugend auch gegenüber Ärzten zu simulieren, dass er die Schule schwänzen kann und später – wie gewünscht – als untauglich ausgemustert wird.

Hier wird deutlich, dass bei ihm schauspielerische Vorstellung und Verstellung mit betrügerischen Absichten verknüpft sind, und so zeigt er auch bereits als Kind eine beträchtliche kriminelle Energie.

Felix Krull, der im Servicekontakt ‚Verführte'

So ist es auch kein Wunder, dass er schon als Junge seine Rolle als Einzelhandels-‚Kunde' auf spezifische Weise, nämlich als Ladendieb, ausübt. Gelegenheit macht Diebe, heißt es, und Thomas Manns Beschreibung der Gelegenheit zum ersten Ladendiebstahl ist besonders wert, hier wiedergegeben zu werden, weil sie unabhängig vom gern verführten Felix Krull grundsätzliche Einsichten ermöglicht, welche Wirkungen der Ort der Leistungserstellung – in diesem Fall der Laden – und die Gestaltung dieses physischen Umfeldes auf Dienstleistungskunden generell haben können:

„Drunten im Städtchen nämlich, an einer Ecke der vergleichsweise belebtesten Geschäftsstraße, war ein nett und anziehend ausgestatteter Delikatessenladen gelegen, Zweigniederlassung einer Wiesbadener Firma, wenn ich nicht irre, und den höheren Gesellschaftsschichten als Einkaufsquelle dienend. Täglich führte mich mein Schulweg an dieser appetitlichen Stätte vorüber, und mehrmals hatte ich sie, ein Nikkelstück in der Hand betreten, um nach meinem Vermögen etwas billige Süßigkeit, einige Frucht- oder Malzbonbons zum Privatgebrauch zu erstehen. Eines Mittags jedoch fand ich den Laden leer, und zwar leer nicht nur von Besuchern, sondern auch von jedem bedienenden Personal. Die Glocke über der Eingangstür, eine gewöhnliche Schelle, die beim Öffnen und

Felix Krull

Schließen von dem Zahn einer kurzen Metallstange erfaßt und geschüttelt wurde, hatte angeschlagen; aber sei es, daß man ihren Klang in dem rückwärts befindlichen Gelaß, hinter der Glastür, deren Scheiben mit grünem, gefälteltem Stoff verkleidet waren, überhört hatte oder daß auch dort sich im Augenblick niemand befand: ich war und blieb allein. Überrascht, befremdet und träumerisch angemutet von der mich umgebenden Einsamkeit und Stille, blickte ich mich um. Nie hatte ich so frei und ungestört diesen schwelgerischen Ort betrachten können. Er war eher eng als umfangreich, aber beträchtlich hoch und bis oben hinauf mit Leckerbissen vollgepfropft. Dichte Reihen von Schinken und Würsten, letztere in allen Farben und Formen, weiße, ockergelbe, rote und schwarze, solche, die prall und rund waren wie Kugeln, sowie lange, knotige, strickartige, verdunkelten das Gewölbe. Blechbüchsen und Konserven, Kakao und Tee, bunte Gläser mit Marmeladen, Honig und Eingemachtem, schlanke und bauchige Flaschen mit Likören und Punschessenzen füllten die Wandborde vom Fußboden bis zur Decke. In den gläsernen Schaukästen des Ladentisches boten sich geräucherte Fische, Makrelen, Neunaugen, Flundern und Aale auf Tellern und Schüsseln dem Genusse dar. Platten mit italienischem Salat waren dort ebenfalls angerichtet. Auf einem Eisblock breitete ein Hummer seine Scheren aus; Sprotten, dicht aneinander gepreßt, schimmerten fettig-golden in offenen Kisten, und ausgesuchtes Obst, Gartenerdbeeren und Trauben, die an die des Gelobten Landes erinnerten, wechselten mit kleinen Bauten von Sardinenbüchsen und den leckeren weißen Tiegeln, welche Kaviar und Gänseleberpastete enthalten. Mastgeflügel ließ seine gerupften Hälse von der oberen Platte hängen. Fleischwaren, zum Aufschnitt bestimmt, wie die beiliegenden langen, schmalen und fettigen Messer lehrten, und Rostbraten, Schinken, Zunge, geräucherter Lachs und Gänsebrüste waren ferner dort oben aufgebaut. Große Glasglocken wölbten sich über den erdenklichsten Käsesorten: ziegelroten, milchweißen, marmorierten und denen, die in leckerer Goldwelle aus ihrer silbernen Hülle quellen. Artischocken, Bündel von grünen Spargeln, Häufchen von Trüffeln, kostbare kleine Leberwürste in Staniol waren wie in prahlerischem Überfluß dazwischen verteilt, und auf Nebentischen standen offene Blechbüchsen voll feiner Biskuits, waren braun glänzende Honigkuchen kreuzweise übereinandergeschichtet, erhoben sich urnenartig geformte Glasschalen mit Dessertbonbons und überzuckerten Früchten.

Verzaubert stand ich und nahm mit lauschend zögernder Brust die liebliche Atmosphäre des Ortes auf, in welcher die Düfte der Schokolade und des Rauchfleisches sich mit der köstlich moderigen Ausdünstung der Trüffeln vereinigten. Märchenhafte Vorstellungen, die Erinnerungen an das Schlaraffenland, an gewisse unterirdische Schatzkammern, in denen Sonntagskinder sich ungescheut die Taschen und Stiefel mit Edelsteinen gefüllt hatten, umfingen meinen Sinn. Ja, das war ein Märchen oder ein Traum! Ich sah die schwerfällige Ordnung und Gesetzlichkeit des Alltags aufgehoben, die Hindernisse und Umständlichkeiten, die im gemeinen Leben sich der Begierde entgegenstellen, auf schwebende und glückselige Weise beiseite geräumt. Die Lust, diesen strotzenden Erdenwinkel so ganz meiner einsamen Gegenwart untergeben zu sehen, ergriff mich so stark, daß ich sie wie ein Jucken und Reißen in allen meinen Gliedern empfand. Ich mußte mir Gewalt antun, um vor heftiger Freude über so viel Neuheit und Freiheit nicht aufzujauchzen. Ich sagte ‚Guten Tag!' ins Leere hinein und noch höre ich, wie der gepreßte und unnatürlich gefaßte Klang meiner Stimme sich in der Stille verlor. Niemand antwortete. Und in demselben Augenblick lief mir buchstäblich das Wasser im Munde zusammen. Mit einem raschen und lautlosen Schritt war ich an einem der mit Süßigkeiten beladenen Seitentische, tat einen herrlichen Griff in die nächste mit Pralinés angefüllte Kristallschale, ließ den Inhalt meiner Faust in die Paletottasche gleiten, erreichte die Tür und war in der nächsten Sekunde um die Straßenecke gebogen."[38]

Es geht hier nicht darum, ausgerechnet den Hochstapler und Betrüger Felix Krull als jemanden darzustellen, der durch eine die Sinne überwältigende Ladengestaltung verführt wird. Vielmehr liefert die meisterhafte Beobachtung und Beschreibung durch Thomas Mann die Möglichkeit, umfassend die psychologischen Wirkungen einer *Umfeldgestaltung* im Dienstleistungsbereich zu erkennen. Ganz deutlich wird eine Art Wirkungskette, die von der kundenseitigen Wahrnehmung des Ortes letztlich zu einem spezifischen Kundenverhalten führt, wobei das beabsichtigte Verhalten üblicherweise natürlich nicht im Diebstahl, sondern im Kauf besteht.

LEKTION 11

Physisches Umfeld der Leistungserstellung[39]

Das physische Umfeld einer Dienstleistung umfasst alle materiellen Elemente, mit denen der Kunde am Ort der Leistungserstellung in Kontakt kommt. Diese liefern als eine Art nonverbale Kommunikation Schlüsselinformationen über das Dienstleistungsunternehmen und die Qualität seines Angebots. Zudem beeinflusst die Gestaltung des physischen Umfelds, beispielsweise die

Art der Ausschilderung und der Raumaufteilung, die Effizienz des Dienstleistungserstellungsprozesses.
Die umweltpsychologischen Effekte auf Kunden lassen sich anhand einer Wirkungskette aufzeigen. Einzelelemente wie Stil, Farben oder Materialien der Einrichtung bestimmen den Gesamteindruck des Kunden. Dieser löst kognitiv-assoziative Prozesse aus, indem er Vorstellungen über das zu erwartende Qualitätsniveau, das Leistungsspektrum oder das Preis-Leistungs-Verhältnis hervorruft. Zudem werden die emotionale Stimmung der Kunden und ihr physisches Wohlbefinden beeinflusst. Diese internen Effekte wirken im nächsten Schritt auf das Verhalten der Kunden. In Abhängigkeit vom Erleben des physischen Umfeldes variieren ihre Bereitschaft, sich am Ort aufzuhalten (Annäherungsverhalten), die Leichtigkeit, sich am Ort zurechtzufinden (Orientierungsverhalten) und die erwartete Rolle einzunehmen (Rollenverhalten) sowie Art und Umfang der Interaktion mit den Mitarbeitern (Interaktionsverhalten). Positive interne Reaktionen sowie die durch sie geförderten Verhaltensweisen im Dienstleistungsprozess leisten einen wesentlichen Beitrag zu Kundenzufriedenheit, Kundenloyalität und positiver persönlicher Kommunikation. Bei als unangenehm empfundenen Reaktionen ist mit entsprechenden negativen Verhaltenskonsequenzen des Kunden zu rechnen.

Das finale Verhalten, der Kauf, erscheint somit wesentlich beeinflusst durch eine Fülle an stimulierenden Reizen, die auf alle Sinnesorgane wirken: Der *Ladenraum* als enges, aber hohes Gewölbe; die *Art der Ladengestaltung,* mit Borden vom Fußboden bis zur Decke, Bauten von Büchsen, gläsernen Schaukästen, Eisblöcken, Glasglocken, Platten, Tellern, Schüsseln; die verwendeten *Materialien:* die Glastür mit der Verkleidung durch grünen, gefälteten Stoff ebenso wie die verwendeten Verpackungen etwa aus Stanniol; *Farben:* Würste in allen farblichen Schattierungen von ockergelb bis schwarz, bunte Gläser, ziegelroter Käse, grüner Spargel, braun glänzende Honigkuchen; *Formen:* kugelige, knotige oder strickartige Würste, schlanke und bauchige Flaschen in vielfältigen Varianten; *Töne:* die Ladenglocke, die Stille; *Duftstoffe:* der Duft von Schokolade, Rauchfleisch und Trüffeln.

Diese einzelnen Reize werden von Felix Krull hier detailliert wahrgenommen und von Thomas Mann beschrieben, sie wirken aber nicht jeweils einzeln, sondern in ihrer Gesamtheit. Es entsteht ein holistischer Gesamteindruck, der beschrieben wird als nette, appetitliche, liebliche, schwelgerische Atmosphäre. Und dieser Gesamteindruck führt zu unmittelbaren und nicht bewusst kontrollierbaren Reaktionen auf ganz unterschiedlichen Ebenen. Ausgelöst werden kognitiv-assoziative, emotionale und rein körperliche, physische Reaktionen. Kognitiv-assoziativ werden Erinnerungen und Bilder ausgelöst vom Gelobten Land, von Kostbarkeit und Überfluss, von Märchen, vom Schlaraffenland und von den Schätzen unterirdischer Schatzkammern. Emotional gerät Felix in einen träumerischen Zustand, er ist verzaubert. Und physisch verspürt Felix ein Jucken und Reißen in allen Gliedern, den nur schwach unterdrückten Wunsch, vor Freude aufzujauchzen, und natürlich das Wasser, das ihm buchstäblich im Munde zusammenläuft.

Damit ist am Beispiel des Delikatessgeschäftes eine Wirkungskette beschrieben, die von genereller Gültigkeit ist. Dementsprechend besteht die zentrale Aufgabe für das Dienstleistungsmanagement im Bereich des Umfeldmanagements darin, zunächst einmal Kenntnis über die Wirkungsbeziehungen innerhalb der Kette zu gewinnen und dann die einzelnen Elemente bewusst so zu gestalten, dass das gewünschte Verhalten eintritt.

Doch kehren wir zurück zu unserem Helden auf seinem Weg zum Hochstapler und Verführer, der auch die Kunst der Gesprächsführung in Servicegesprächen meisterhaft beherrscht.

FELIX KRULL, DER GESPRÄCHS‚FÜHRER' IN SERVICEKONTAKTEN

Nach dem Konkurs des Vaters und dem Verlust der Villa zieht die Familie Krull nach Frankfurt, wo die Mutter eine Zimmerpension eröffnet und Felix die Gelegenheit nutzt, im großstädtischen Tag- und Nachtleben die vornehme Gesellschaft, ihr Auftreten, ihre Garderobe, ihren Schmuck zu beobachten und intensive erotische Erfahrungen zu sammeln. Hinsichtlich seiner zukünftigen beruflichen Laufbahn erhält er durch Vermittlung seines Paten Schimmelpreester die Aussicht auf eine Anstellung im Pariser Hotel ‚Saint James and Albony'.

Zunächst aber geht es darum, bei der Musterung für untauglich erklärt zu werden. Vorbereitet durch die Lektüre eines medizinischen Fachbuchs und entsprechende Übung, gelingt es ihm bei der Musterung so überzeugend, einen epileptischen Anfall zu simulieren, dass er tatsächlich als wehrunfähig ausgemustert wird. Der Auftritt von Felix Krull vor der Musterungskommission ist nicht nur gekonnt und dessen Beschreibung urkomisch, er zeigt auch das klare Verständnis des Helden für den Charakter von Dienstleistungskontakten und die Möglichkeiten ihrer Beeinflussung. Das zeigt schon der Beginn der Interaktion:

„'Treten sie näher heran!' sagte der Stabsarzt. Seine Stimme war meckernd und etwas schwach. Ich gehorchte ihm willig, und dicht vor ihm stehend tat ich mit einer gewissen törichten, doch nicht ungefälligen Bestimmtheit den Ausspruch:

‚Ich bin vollkommen diensttauglich.'

‚Das entzieht sich Ihrer Beurteilung!' versetzte ärgerlich jener, indem er den Kopf vorstreckte und lebhaft schüttelte.

‚Antworten Sie auf das, was ich Sie frage, und enthalten Sie sich eigener Bemerkungen!'

‚Gewiss, Herr Generalarzt', sprach ich leise, obgleich ich wohl wußte, daß er nichts weiter als Oberstabsarzt war, und ich blickte ihn mit erschrockenen Augen an."[40]

Die Musterung kann durchaus als eine – wenn auch sehr spezifische – Dienstleistungssituation betrachtet werden, und sie zeigt geradezu überdeutlich, worum es geht. In solchen Interaktionen begegnen sich Dienstleistungskunden und Dienstleistungsmitarbeiter nicht als einzigartige, individuelle Personen, sondern als Träger von Rollen; Dienstleistungsinteraktionen sind *Rollenspiele*.

LEKTION 12

Dienstleistungsinteraktionen als Rollenspiele[41]

Bei Dienstleistungskontakten zwischen Kunde und Mitarbeiter handelt es sich um eine besondere Form der sozialen Interaktion. Diese ist zielorientiert auf die Erreichung eines spezifischen Dienstleistungsergebnisses gerichtet, und dementsprechend haben sich routinemäßige Verhaltensmuster entwickelt, die den Verlauf der Interaktion regeln. Rollentheoretisch formuliert, haben Mitarbeiter und Kunden eine soziale Rolle zu spielen. Dabei ist mit einer ‚Rolle' ein Bündel von Erwartungen an die beteiligten Interaktionspartner verbunden, womit zugleich die wechselseitigen Rechte und Pflichten definiert werden.

Kenntnisse über die Erwartungen, die an Kunden und Mitarbeiter in verschiedenen Dienstleistungskontakten gerichtet sind, werden über Lernprozesse erworben. Insofern verfügen die Teilnehmer über eine Art Drehbuch (‚script'), das ihnen vermittelt, welche der erlernten Verhaltensweisen für die jeweilige Situation angemessen sind und eine erfolgreiche Interaktion ermöglichen.

Daher verläuft auch die große Mehrzahl von Dienstleistungsinteraktionen störungsfrei und ohne große kognitive Aktivität ab. Erst wenn das wahrgenommene Verhalten eines Rollenspielers vom Drehbuch abweicht, muss die Situation gedeutet und das Handeln angepasst werden. Bei positiver Abweichung kann dies zu freudiger Überraschung führen, während negative Abweichungen in jedem Fall zu Verunsicherung, meist aber sogar zu Unzufriedenheit, Ärger und Konflikt führen.

Rollenerwartungen für Interaktionen sind keineswegs für alle Dienstleistungen und alle Kundengruppen gleich. Beispielsweise variieren die Rollen mit ihren Zuweisungen von Überlegenheit oder Unterlegenheit je nach Status von

Dienstleistung und Kunde, so dass es auf beiden Seiten eines differenzierten Verhaltensinstrumentariums bedarf. Selbst derjenige, der sich gegenüber einem Zimmermädchen oder einer Call-Center-Agentin als vermeintlicher König Kunde geriert, hat meist Anlass, sich in Interaktionen mit Ärzten zurückzuhalten, und in Bezug auf Stabsärzte im wilhelminischen Deutschland ist gehorsame Demut mehr als angebracht.

Nach dem ersten Rüffel spielt Felix diese Demut überzeugend, indem er eilig Gehorsamkeit signalisiert und versichert, ab sofort gewiss den erteilten Befehl zu befolgen. Er bestätigt die vorgegebene und erwartete Anerkennung der hierarchisch weit überlegenen Rolle des Arztes, den er absichtlich übertrieben mit ‚Generalarzt' anspricht und auch in der Folge in scheinbar gleichzeitiger Verwirrung und Demut mit rangweisenden Bezeichnungen – wie Chefarzt oder Lazarettkommandant – anredet. Auch beeinflusst er die Kommunikation sowie den Prozess und das Ergebnis der Musterung nicht nur durch den nachfolgend gespielten Anfall, sondern schon dadurch, dass er gleich zu Beginn eine kleine Abweichung vom Rollenschema vornimmt, indem er sich selbst das Zeugnis der vollkommenen Diensttauglichkeit ausstellt, was ja nicht nur grundsätzlich einen Rollenverstoß darstellt, sondern von Anfang an den Verdacht bei den Mitgliedern der Kommission sät, dass mit diesem Kandidaten wohl etwas nicht ganz stimmen könne.

Das Wissen um das Funktionieren dienstleistungsbezogener Rollen und deren meisterliche Handhabung durch Erfüllung oder Manipulation mittels gezielter Über- oder Untererfüllung der Rollenvorschriften wird auch im weiteren Verlauf von Felix Krulls Novellenleben deutlich.

Felix Krull

Von der Wehrpflicht befreit, nimmt er den Zug nach Paris, wo er unter Nutzung der guten Beziehung seines Paten Schimmelpreester im Hotel ‚Saint James and Albony' Gelegenheit erhält, im Umfeld höherer Gesellschaftsschichten sein berufliches Leben zu beginnen.

Während dieser Zugfahrt, übrigens seiner letzten in der damals noch vorhandenen dritten Klasse, kommt es zu einer Reihe interessanter Dienstleistungsinteraktionen, insbesondere mit dem die Fahrkarte kontrollierenden Bahnpersonal. Felix Krull berichtet:

„Meine Fahrkarte, versteht sich, war in bester Ordnung, und ich genoß es auf eigene Art, daß sie so einwandfrei in Ordnung – daß folglich ich selbst so einwandfrei in Ordnung war und daß die wackeren, in derbe Mäntel gekleideten Schaffner, die mich im Lauf des Tages in meinem hölzernen Winkel besuchten, den Ausweis nachprüften und ihn mit ihrer Zwickzange lochten, ihn mir stets mit stummer dienstlicher Befriedigung zurückreichten. Stumm allerdings und ohne Ausdruck, das heißt: mit dem Ausdruck beinahe erstorbener und bis zur Affektation gehender Gleichgültigkeit, der mir nun wieder Gedanken eingab über die jede Neugier ausschaltende Fremdheit, mit welcher der Mitmensch, besonders der beamtete, dem Mitmenschen glaubt begegnen zu sollen. Der brave Mann da, der meine legitime Karte zwickte, gewann damit seinen Lebensunterhalt; irgendwo wartete seiner ein Heim, ein Ehering saß ihm am Finger, er hatte Weib und Kinder. Aber ich mußte mich stellen, als ob mir der Gedanke an seine menschlichen Bewandtnisse völlig fernliege, und jede Erkundung danach, die verraten hätte, daß ich ihn nicht nur als dienstliche Marionette betrachtete, wäre höchst unangebracht gewesen. Umgekehrt hatte auch ich meinen besonde-

ren Lebenshintergrund, nach dem er sich und mich hätte fragen mögen, was ihm aber teils nicht zukam, teils unter seiner Würde war. Die Richtigkeit meines Fahrscheins war alles, was ihn anging von meiner ebenfalls marionettenhaften Passagierperson, und was aus mir wurde, wenn dieser Schein abgelaufen und mir abgenommen war, darüber hatte er toten Auges hinwegzublicken.

Etwas seltsam Unnatürliches und eigentlich Künstliches liegt ja in diesem Gebaren, obgleich man zugeben muß, daß es fortwährend und nach allen Seiten zu weit führen würde, davon abzuweichen, ja daß schon leichte Durchbrechungen meist Verlegenheit zeitigen. Tatsächlich gab mir gegen Abend einer der Beamten, eine Laterne am Gürtel, meine Karte mit einem längeren Blick auf mich mit einem Lächeln zurück, das offenbar meiner Jugend galt.

‚Nach Paris?' fragte er, obgleich mein Reiseziel ja klar und deutlich war.

‚Ja, Herr Inspektor', antwortete ich und nickte ihm herzlich zu. ‚Dahin geht es mit mir.'

‚Was wollen Sie denn da?' getraute er sich weiter zu fragen.

‚Ja, denken Sie', erwiderte ich, ‚auf Grund von Empfehlungen soll ich mich dort im Hotel-Gewerbe betätigen.'

‚Schau, schau!' sagte er. ‚Na, viel Glück!'

‚Viel Glück auch Ihnen, Herr Oberkontrolleur' gab ich zurück. ‚Und bitte grüßen Sie Ihre Frau und die Kinder!'

‚Ja, danke – nanu!' lachte er bestürzt, in sonderbarer Wortverbindung, und beeilte sich weiterzukommen, strauchelte und stolperte aber etwas dabei, obgleich am Boden gar kein Anstoß vorhanden war; so sehr hatte die Menschlichkeit ihn aus dem Tritt gebracht."[42]

Für Felix Krull mag bemerkenswert sein, dass diesmal mit seiner Fahrkarte alles in Ordnung ist und er keine Vorspiegelung oder Täuschung vornehmen muss. Generell aber ist die beschriebene alltägliche Situation deshalb interessant, weil sie noch tiefere Einsichten in den Rollencharakter von Dienstleistungsinteraktionen ermöglicht.

Auch hier ist die Rollenverteilung eindeutig vorgegeben. Der kontrollierende Schaffner ist Vertreter der allmächtigen staatlichen Gewalt. In quasi hoheitlicher Funktion nutzt er seine Machtposition, um das Vorhandensein und die Richtigkeit der Fahrscheine zu kontrollieren. Dieser bürokratische Akt ist nicht der Ort, nicht die Zeit für persönliche Gespräche. Und wenn von dieser Regel im Ausnahmefall abgewichen wird, dann natürlich von dem, der das Spiel bestimmt, vom Schaffner. Er kann einen jungen Menschen schon einmal gleichsam wissend fragen, was er denn in Paris so vorhabe. Aber wenn der junge Mensch nun seinerseits auf der Ebene des Persönlichen antwortet, mit Grüßen an Frau und Kinder, wird die Regelverletzung so deutlich, dass der Schaffner völlig überrascht ist und nicht nur im übertragenen Sinne, sondern auch ganz real ins Stolpern gerät.

Die Rollenspiele der Kunde-Mitarbeiter-Interaktion gelingen also umso besser, je mehr die Partner über das gleiche Drehbuch verfügen, je mehr die Rollen aufeinander abgestimmt sind. Daraus folgt auch – wie die Musterungsinteraktion gezeigt hat –, dass die Interaktionspartner über Möglichkeiten verfügen, das Spiel manipulativ zu ihren Gunsten zu steuern, wenn sie das von ihnen gewünschte Idealverhalten genau kennen, weil sie sich in die Lage, das Gefühl und das Denken des anderen hineinversetzen können und entsprechend handeln. Durch diese vermeintliche Anpassung an die Wünsche und Interessen des Partners gelingt es ihnen dann, die eigenen Interessen besser zu realisieren. Im Dienstleistungskontext hat man hierbei in der Regel das Verhalten des Mitarbeiters im Sinne, der dem Kunden schmeichelt, ihn lobt für seinen Geschmack, für seine gute Wahl, für seine berechtigten Überlegungen. Dementsprechend gehört es zu den zentralen Kompetenzen von Servicemitarbeitern, sich in die Lage des Kunden hineinversetzen zu können. Sie müssen die *Perspektivenübernahme* beherrschen.

Lektion 13

Perspektivenübernahme[43]

Für die zielorientierte Beeinflussung einer Interaktion ist besonders die Fähigkeit relevant, nicht nur das Verhalten des anderen Rollenspielers vorherzusagen, sondern auch dessen Erwartungen an das eigene Rollenverhalten zu antizipieren und sein Verhalten darauf einzustellen. Diese Fähigkeit zur Perspektivenübernahme wird im Dienstleistungskontext vor allem auf das Vermögen von Mitarbeitern bezogen, die Sicht des Kunden einzunehmen. Dabei umfasst die Perspektivenübernahme mehrere Aspekte:

(1) Zum Ersten bedarf es der Fähigkeit, die verbalen und nonverbalen Informationen des Partners zu erkennen und richtig zu verstehen. Dazu gehört auch, dass dessen emotionale Befindlichkeit (z.B. Unsicherheit, Ängstlichkeit) richtig erfasst wird.

(2) Zum Zweiten muss die Situation des Kunden (z.B. Zeitdruck) zutreffend wahrgenommen und interpretiert werden.

(3) Zum Dritten muss der Mitarbeiter in der Lage sein, sein Verhaltensinstrumentarium so einzusetzen, dass er personen- und situationsgerecht reagiert und seine eigenen Ziele unter weitgehender Berücksichtigung der Kundenperspektive verfolgt.

Ein solches empathisches und sozialkompetentes Verhalten führt in der Regel zu hoher Kundenzufriedenheit und -loyalität.

Was aber meist übersehen wird, ist die Tatsache, dass auch Kunden über entsprechende Fähigkeiten verfügen können. Das gilt beispielhaft für Felix Krull, der nicht nur ein genauer Beobachter und Menschenkenner ist, sondern auch ein glänzender Schauspieler. Dies beweist er auf seiner Bahnfahrt nach Paris bereits bei seiner nächsten Interaktion mit einem hoheitlichen Dienstleister, nämlich bei der Zollkontrolle an der deutsch-französischen Grenze:

„Auch an der Grenzstation, wo wir alle mit unserem Gepäck den Zug zu verlassen hatten, bei der Zollrevision oder Douane also, fühlte ich mich sehr heiter, leicht und reinen Herzens, da wirklich mein Köfferchen nichts enthielt, was ich vor den Augen der Visitatoren hätte verbergen müssen; und auch die Nötigung zu sehr langem Warten (da begreiflicherweise die Beamten den vornehmen Reisenden den Vorzug geben vor den geringen, deren Habseligkeiten sie dann desto gründlicher herausreißen und durcheinanderwerfen) vermochte die Klarheit meiner Stimmung nicht zu trüben. Auch fing ich mit dem Manne, vor dem ich endlich meine Siebensachen ausbrei-

ten durfte und der zunächst Miene machte, jedes Hemd und jede Socke in der Luft zu schütteln, ob nicht etwas Verbotenes herausfiele, sogleich in vorbereiteten Wendungen zu parlieren an, wodurch ich ihn rasch für mich gewann und ihn davon abhielt, alles zu schütteln."[44]

Hier gelingt es Felix, das routinemäßige Durchsuchungsverhalten des Zollbeamten beim Segment der weniger vornehmen Kunden zu seinen Gunsten zu verändern. Allein durch die gewählten Worte, die richtige – in diesem Fall wohl französische – Sprache, den passenden Gesichtsausdruck, die abgestimmte Gestik schafft er es, dass der Beamte von der üblichen detaillierten und demütigenden Durchsuchung sämtlicher Kleidungsstücke absieht.

In der Beschreibung dieses Kontaktes wird auch deutlich, wie Dienstleister ihr Rollenverhalten kundengruppenspezifisch differenzieren. Hier erlebt Felix Krull, wie auch Tonio Kröger und die Familie Mann in *„Mario und der Zauberer"*, wie es sich anfühlt, wenn man nicht zu den wertvollen Kunden gezählt und dementsprechend behandelt wird. In der modernen Variante dieser Vorgehensweise, die unter der Fahne der Kundenwertdifferenzierung eine Bevorzugung der vermeintlich besseren, sprich profitableren (Privat-)Kunden verlangt, wird immer nur der erwartete positive Effekt auf die Zufriedenheit der besser gestellten Kunden thematisiert, aber kaum die negative Wirkung auf die große Mehrheit der damit zurückgesetzten, ‚wertlosen' Kunden. Bei Felix Krull stärken solche Erfahrungen nur sein Bemühen und seine Anstrengungen, in die Rolle eines Mitglieds der ganz hohen Gesellschaftsschicht zu schlüpfen.

Diese Gelegenheit ergibt sich in Paris, wo er im Hotel ‚Saint James and Albony' zunächst unentgeltlich als Liftboy, später in bezahlter Stellung als Kellner arbeitet und aufgrund seiner attraktiven Erscheinung und seiner zuvorkommenden Art bei weiblichen und männlichen Hotelgästen (zum Teil mehr als) beliebt ist. Als Kellner lernt er den jungen Marquis de Venosta aus Luxemburg kennen, der vermeintlich Malerei studiert, aber sein Leben als faulenzender Bohemien verbringt. Dieser erzählt Felix, dass er aufgrund des Drängens seiner Eltern eine Weltreise antreten muss, um die keineswegs standesgemäße Liebesbeziehung zur Sängerin Zaza zu beenden. Da er sich dem elterlichen Wunsch nicht entziehen kann, zugleich aber von seiner Geliebten nicht lassen will, schlägt er einen Rollentausch vor: Felix soll an seiner Stelle als Marquis um die Welt reisen. Nach dem Austausch der notwendigen Informationen sowie der Klärung organisatorischer und finanzieller Fragen macht sich Felix auf den Weg nach Lissabon, wo er wenig später mit dem Schiff nach Buenos Aires weiterreisen soll.

Und schon im Zug, nun nicht mehr dritter, sondern natürlich erster Klasse im Nord-Süd-Express und als vermeintlicher Marquis de Venosta, zeigt sich, dass er in den Genuss einer ganz anderen Behandlung durch den Schaffner kommt:

„Der Zug hatte Paris um sechs Uhr verlassen. Die Dämmerung sank, das Licht ging an, und noch schmucker schien darin meine Privat-Behausung. Der Schaffner, schon höher an Jahren, erbat sich die Erlaubnis zum Eintreten durch sachtes Klopfen, legte salutierend die Hand an die Mütze und wiederholte die Ehrenbezeigung, als er mir meine Fahrkarte zurückgab. Dem biederen Manne, dem eine loyale und bewahrende Gesinnung vom Gesichte zu lesen war und der auf seinem Gang durch den Zug mit allen Schichten der Gesellschaft,

auch mit ihren fragwürdigen Elementen, in dienstliche Berührung kam, tat es sichtlich wohl, in mir ihre wohlgeraten-vornehme, das Gemüt durch bloße Anschauung reinigende Blüte zu grüßen."[45]

Die staatliche Autoritätsperson, der wilhelminische Amts-Schaffner, klopft also sacht an als Form der Bitte um Erlaubnis einzutreten, er grüßt durch Ehrenbezeichnungen zu Beginn und zum Abschluss der Interaktion. Und dieses ehrenbezeugende Untergebenenverhalten tut nicht nur dem Hochstapler Krull gut, sondern – wie er wahrnimmt – auch dem Schaffner, der in dem vermeintlichen Marquis noch einen Vertreter der anerkannten oberen Herrschaftsschicht sieht, der seinen Gruß auch verdient.

Wie ergeht es Felix weiter? Im Zug lernt er zufällig den Paläontologen Professor Kuckuck, Direktor des naturhistorischen Museums in Lissabon, kennen, der ihn ins Museum einlädt. Felix Krull nimmt nicht nur diese Einladung an, sondern knüpft auch enge Beziehungen gleichermaßen zur Tochter und zur Frau des Direktors. Doch mit der Eroberung der portugiesischen Ehefrau Maria Pia endet das Romanfragment, so dass es der Phantasie des Lesers überlassen bleibt, wie das Lissaboner Abenteuer zu Ende geht, was noch alles passiert und wie es hat kommen können, dass der Held trotz seiner Schauspielkunst einige Zeit im Gefängnis verbringen muss, worauf er als Erzähler an früherer Stelle vorgreifend hinweist.

Quellenangaben

38 Mann, T.: Bekenntnisse des Hochstaplers Felix Krull. Der Memoiren erster Teil, Gesammelte Werke in Einzelbänden, Frankfurter Ausgabe, hrsg. von Mendelssohn, P. de, Frankfurt 1985, S. 49-51.

39 Bitner, M.J.: Servicescapes: The impact of physical surroundings on customers and employees, in: Journal of Marketing, 56. Jg. 1992, Nr. 4, S. 57-71; Stauss, B.: Physisches Umfeld der Kanzlei, in: Hartung, W./Römermann, V. (Hrsg.): Marketing und Management – Handbuch für Rechtsanwälte, München 1999, S. 991-1005.

40 Mann, T.: Bekenntnisse, a.a.O., S. 102.

41 Solomon, M.R./Surprenant, C./Czepiel, J.A./Gutman, E.G.: A role theory perspective on dyadic interactions: The service encounter, in: Journal of Marketing, 49. Jg. 1985, Nr. 1, S. 99-111; Nerdinger, F.W.: Psychologie der Dienstleistung, Göttingen 2011, S. 41-47.

42 Mann, T. Bekenntnisse, a.a.O., S. 132-133.

43 Bruhn, M./Murmann, B.: Perspektivenwechsel bei Dienstleistungsunternehmen mit multiplen Kundenkontakten, in: Marketing ZFP, 21. Jg. 1999, Nr. 4, S. 284-296.

44 Mann, T.: Bekenntnisse, a.a.O., S. 133.

45 Ebenda, S. 279.

Szene aus dem Film "Mario und der Zauberer" (1994)
© Provobis Gesellschaft für Film und Fernsehen / Deutsche Kinemathek

Mario und der Zauberer

Wie es im Untertitel von Thomas Manns Novelle *„Mario und der Zauberer"*[46] schon heißt, geht es um ein tragisches Reiseerlebnis, nämlich um einen dramatisch endenden Besuch einer Zauberervorstellung im italienischen Torre di Venere, wo der Erzähler mit Frau und zwei Kindern Mitte August – in der italienischen Hochsaison – seinen Urlaub verbringt. Aus Dienstleistungsperspektive ist allerdings nicht das Drama selbst von Interesse, sondern es sind Vorkommnisse, die sich zuvor im Hotel und am Strand abspielen.

Verärgerung des Hotelgastes durch Bevorzugung anderer Kunden

Die Familie wohnt im Grandhotel, und kaum eingetroffen, als sie nach der Ankunft erstmals den Speisesaal aufsucht, um ein gemeinsames Essen einzunehmen, kommt es zu einem ersten negativen Erlebnis:

„Diese Erfahrung machten wir mit etwas Verdruß am Abend unserer Ankunft, als wir uns zum Diner im Speisesaal einfanden und uns von dem zuständigen Kellner einen Tisch anweisen ließen. Es war gegen diesen Tisch nichts einzuwenden, aber uns fesselte das Bild der anstoßenden, auf das Meer gehenden Glasveranda, die so stark wie der Saal, aber nicht restlos besetzt war, und auf deren Tischchen rotbeschirmte Lampen glühten. Die Kleinen zeigten sich entzückt von dieser Festlichkeit, und wir bekundeten einfach den Entschluss, unsere Mahlzeiten lieber in der Veranda einzunehmen – eine

Äußerung der Unwissenheit, wie sich zeigte, denn uns wurde mit etwas verlegener Höflichkeit bedeutet, daß jener anheimelnde Aufenthalt ‚unserer Kundschaft', ‚ai nostri clienti!', vorbehalten sei. Unseren Klienten? Aber das waren wir. Wir waren keine Passanten und Eintagsfliegen, sondern für drei oder vier Wochen Hauszugehörige, Pensionäre. Wir unterließen es übrigens, auf der Klarstellung des Unterschiedes zwischen unseresgleichen und jener Klientele, die bei rotglühenden Lämpchen speisen durfte, zu bestehen und nahmen das Pranzo an unserm allgemein und sachlich beleuchteten Saaltische – eine recht mittelmäßige Mahlzeit, charakterloses und wenig schmackhaftes Hotelschema; wir haben dann die Küche in der Pensione Eleonora, zehn Schritte landeinwärts, viel besser gefunden."[47]

Was genau hat die Verärgerung ausgelöst? Kritisch ist nicht die mittelmäßige Mahlzeit, sondern die Behandlung; nicht die unerfüllte Erwartung eines Kunden an einen Aspekt der Leistungsqualität ist entscheidend, sondern die wahrgenommene gesellschaftliche Einordnung, die traurige Erkenntnis, selbst im Grandhotel nur Gast zweiter Klasse zu sein.

Selbstverständlich werden Kunden segmentiert, und es ist eine der typischen Forderungen des Kundenmanagements bzw. des Kundenbeziehungsmanagements, eine Differenzierung nach dem Kundenwert vorzunehmen, also insbesondere Stammkunden durch Vorteile zu belohnen und zu bestärken. Diese Vorgehensweise wird in der Regel aber nur bezüglich der vermuteten positiven Wirkungen auf die bevorzugte Klientel diskutiert, kaum aber hinsichtlich der Wirkungen auf die Zurückgesetzten.

Diese übliche (mindestens Zwei-)Klasseneinteilung der Kunden erfolgt nun auch im Grandhotel. Und so müssen selbst Kunden, die gerade mit der Wahl des teuren Grandhotels auch ihre gesellschaftliche Spitzenstellung unterstreichen wollen, erfahren, dass hier feine, doch für alle sichtbare Unterschiede gemacht werden: Die Leute mit Klasse, die Erstklassigen, sitzen auf der Veranda; für die anderen bleibt der Saal, der damit wie eine Art Wartesaal zweiter Klasse empfunden wird. Wer dahin verbannt wird, erlebt keinen objektiven Mangel. Gegen den zugewiesenen Tisch ist nichts einzuwenden; die Beleuchtung ist sachlich, wird aber als weniger schön wahrgenommen. Was aber wirklich schmerzt, ist die hierarchische Einordnung.

Das verweist auf einen im Dienstleistungsmanagement häufig vernachlässigten Sacherhalt: die Dominanz menschlicher Bedürfnisse. Naheliegenderweise wird der potenzielle und aktuelle Kunde eben nur als Kunde betrachtet, d.h., man erkundigt sich nach seinen Erwartungen in Bezug auf die Leistung, versucht, das Angebot erwartungsgerecht zu gestalten, und erkundigt sich gegebenenfalls auch nachträglich, ob es zur Zufriedenheit ausgefallen ist, beispielsweise ob das Essen wirklich geschmeckt hat. Das ist gut und richtig. Eine Beschränkung darauf übersieht allerdings, dass die Nachfrager zwar den Ort des Dienstleisters wegen der gewünschten Leistung aufsuchen, sich aber dort nicht auf die Rolle eines Kunden beschränken lassen, sondern weiterhin in erster Linie Menschen mit grundlegenden Bedürfnissen sind und daher starke *bedürfnisbezogene Erwartungen* an die Interaktionen mit dem Dienstleister haben.

LEKTION 14

Leistungs- und bedürfnisbezogene Erwartungen an Interaktionen mit dem Dienstleister[48]

Jeder Kunde hat spezifische Erwartungen an eine Dienstleistung im Sinne von Anforderungen an die Dienstleistungsqualität (leistungsbezogene Erwartungen). Zugleich hat er aber auch Erwartungen an die Interaktion, in der er als Mensch und Partner voll akzeptiert sein will und sich wohl fühlen möchte (bedürfnisbezogene Erwartungen). Zu den menschlichen Grundbedürfnissen, die im Hinblick auf Dienstleistungsinteraktionen besonders bedeutsam sind, gehören vor allem die Bedürfnisse nach Achtung/Respekt sowie nach Gerechtigkeit/Fairness.

Das Bedürfnis nach Achtung und Respekt zeigt sich in dem Wunsch des Kunden, mit seinem Anliegen ernst genommen, als Individuum wahrgenommen und geschätzt zu werden. Dieser Wunsch ist generell gegeben, aber besonders ausgeprägt bei traditionellen personenbezogenen Dienstleistungen – wie im Hotel –, wo der Kunde oft als Gast bezeichnet wird und entsprechend behandelt werden möchte. Das Bedürfnis nach Gerechtigkeit bzw. Fairness besteht in der Erwartung, nicht belogen, betrogen oder im Vergleich zu anderen Kunden benachteiligt zu werden.

Diese bedürfnisbezogenen Erwartungen sind von dominierender Bedeutung, denn „customers are people first and consumers second".[49]

Selbst klein erscheinende Verletzungen menschlicher Bedürfnisse nach Achtung oder Fairness schmerzen meist viel mehr und haben eine viel nachhaltigere negative Wirkung als kleine Leistungsmängel. Wie in diesem Fall: Die Stimmung der gerade erwartungsvoll eingetroffenen Familie ist verdorben. Man ist unzufrieden mit dem Hotel, gleich zu Beginn, am ersten Tag, und diese Unzufriedenheit strahlt aus und beeinflusst auch die Wahrnehmung von Leistungsbestandteilen und nachfolgenden Episoden der Dienstleistung. So charakterlos, wie die Zuweisung empfunden wird, wird jetzt auch das Essen wahrgenommen. Nein, die vorgesetzten Speisen erscheinen einem Grand Hotel nicht angemessen, und als man nach wenigen Tagen das Hotel verlässt und in eine Pension, also eine eigentlich viele Klassen weniger anspruchsvolle Unterkunft, wechselt, schmeckt auch das Essen sehr viel besser.

Dieses Erleben der Familie im Ferienhotel zeigt damit nicht nur die Relevanz bedürfnisbezogener Erwartungen, sondern auch den wichtigen Sachverhalt, dass sich die Zufriedenheit des Kunden während der Nutzung einer Dienstleistung entwickelt und verändert. Dabei hat das Qualitätserleben in einer Episode Ausstrahlungseffekte auf die Wahrnehmung der nachfolgenden Episoden, ein Phänomen, das in der Dienstleistungsforschung als *Zufriedenheitsdynamik* bezeichnet wird.

Lektion 15

Zufriedenheitsdynamik[50]

Der Begriff Zufriedenheitsdynamik bezeichnet die Tatsache, dass der Kunde eine Dienstleistung innerhalb eines Prozesses wahrnimmt und sich demzufolge auch sein Zufriedenheitsurteil sequenziell entwickelt. Dieses Phänomen wurde von Danaher und Mattson in ihrer Studie über den Kundenprozess von Hotelgästen empirisch untersucht, indem sie diesen Prozess in fünf Episoden – Check-in, Zimmer, Restaurant, Frühstück und Checkout – zerlegten und die ausgewählten Gäste nach jeder Episode zu ihrer Zufriedenheit befragten. Im Ergebnis zeigte sich, dass der aktuelle Zufriedenheitsgrad während des Aufenthalts nicht gleichbleibend ist, sondern entsprechend den Erlebnissen in den jeweiligen Episoden variiert. Zudem erwies es sich, dass das jeweils letzte Episodenerlebnis einen besonders starken Einfluss auf das aktuelle Zufriedenheitsniveau hat.[51] Dementsprechend ist davon auszugehen, dass von der (Un-)Zufriedenheit mit einer Episode ein Ausstrahlungseffekt auf die Wahrnehmung der nächsten Episode ausgeht. Bei Eintritt eines negativen Erlebnisses an einem Kontaktpunkt ist somit zu erwarten, dass die Beurteilung der Leistung am nächsten Kontaktpunkt schlechter ausfällt als ohne das negative Vorerlebnis.

Ein weiterer wichtiger Aspekt ist an diesem Erlebnis der Familie am Ankunftstag bemerkenswert. Der Familienvater fühlt sich durch den Verweis aus der Veranda gedemütigt, herabgesetzt, als zweitklassig betrachtet, verletzt; und doch schluckt er seinen Ärger runter, nicht innerlich, dort kocht es, aber er äußert seinen Ärger nicht gegenüber den Mitarbeitern bzw. der Hotelleitung, d.h., er beschwert sich nicht.

Der Verzicht verärgerter Kunden, ihre Unzufriedenheit gegenüber dem Unternehmen in einer Beschwerde zum

Ausdruck zu bringen, ist keineswegs die Ausnahme, sondern ein vielfach beobachtetes und beschriebenes Phänomen. Laut Ergebnissen der nationalen deutschen Zufriedenheitsstudie, des Deutschen Kundenmonitors, beschwert sich die Mehrheit der Unzufriedenen nicht, wobei der Anteil der ‚Nicht-Beschwerdeführer' branchenspezifisch stark unterschiedlich ausfällt, im Extremfall aber bis zu 90 Prozent der von der unternehmerischen Leistung Enttäuschten ausmacht.[52] Überwiegend ziehen es die verärgerten Kunden vor, schweigend zu leiden und abzuwandern, wobei sich das Schweigen in der Regel nur auf den Anbieter bezieht. In ihren sozialen Kreisen – in Familie und unter Freunden oder Kollegen – reden sie dagegen oft über die erlebten Probleme und nehmen damit auf besonders glaubwürdige und wirksame Weise negativen Einfluss auf Einstellungen und Verhalten anderer.

Dieser Beschwerdeverzicht unzufriedener Kunden ist für Dienstleister aus mehreren Gründen sehr problematisch. Zum einen entgehen ihnen die in Beschwerden enthaltenen kritischen Informationen, die wertvolle und konkrete Hinweise darauf geben, wo die Erwartungen aus Kundensicht massiv verletzt werden und wo Chancen liegen, Fehler zu entdecken, Fehlerursachen zu beseitigen, qualitative Verbesserungen durchzuführen und Kosten zu senken.[53] Zum anderen sind nicht artikulierte Beschwerden aus Unternehmensperspektive auch verlorene Chancen, die Unzufriedenheit des Kunden wieder in Zufriedenheit zu wandeln, absprungbereite Kunden zu halten und damit aktuelle und zukünftige Umsätze und Gewinne zu sichern. Denn es ist vielfach nachgewiesen, dass Beschwerdeführer, die eine sehr zufriedenstellende Problemlösung erhalten haben, eine besonders hohe Globalzufriedenheit und Loyalität aufweisen; oft lässt sich sogar das sogenannte ‚Beschwerdeparadox' beobachten, nämlich dass die mit der Beschwerdeantwort vollkommen zufriedenen Beschwerdeführer insgesamt zufriedener und loyaler sind als Kunden, die keinen Anlass zur Beschwerde hatten.[54]

Insofern kommt es für Dienstleister darauf an, die Gründe des Beschwerdeverzichts zu kennen und Maßnahmen zu ergreifen, um die *Beschwerdeneigung* unzufriedener Kunden zu erhöhen.

LEKTION 16

Beschwerdeneigung[55]

Die Beschwerdeverhaltensforschung hat eine Reihe von Faktoren identifiziert, welche die Neigung eines unzufriedenen Kunden, eine Beschwerde zu artikulieren, beeinflussen:

(1) Beschwerdekosten und -nutzen: Kunden nehmen eine Kosten-Nutzen-Abschätzung vor und beschweren sich nur, wenn sie zu dem Schluss kommen, dass der erhoffte Nutzen die materiellen und psychischen Kosten einer Beschwerde übersteigt.

(2) Erfolgswahrscheinlichkeit: Sie beschweren sich auch nur, wenn sie eine Chance sehen, dass das Unternehmen zur Problemlösung oder Wiedergutmachung bereit ist.

(3) Produktmerkmale: Der Kunde nimmt den Aufwand einer Beschwerde auf sich, wenn er den Schaden als erheblich ansieht. Das ist primär bei Gütern der Fall, die

wegen eines hohen Preises oder ihres Prestigewertes als wichtig eingeschätzt werden.

(4) Problemmerkmale: Bei gleichem Verärgerungsgrad beschweren sich Kunden eher über Probleme, die objektiv zu beschreiben und nachweisbar sind, und weniger über Sachverhalte, die einer starken subjektiven Einschätzung unterliegen.

Für den verärgerten Gast im Speisesaal des Grandhotels von Torre de Venere mögen mehrere Faktoren dafür verantwortlich gewesen sein, dass eine Beschwerde unterblieb. Ausschlaggebend ist sicherlich die Art des Problems. Wäre ein Haar in der Suppe oder eine Wanze im Bett gewesen, hätte sich der Grandhotelgast wahrscheinlich beschwert. Aber die sicherlich mindestens ebenso schlimm empfundene, im höflichen Ton vorgebrachte Herabsetzung durch Verandaverweigerung ist sehr viel schwieriger zu beanstanden als ein objektiver Leistungsmangel. Der Verandaplatz gehört nicht zu den vereinbarten Leistungsversprechen. Daher wird es schwer, den Ärger verständlich zu machen und eine Forderung zu begründen, die zudem wenig Aussicht auf Erfolg verspricht. Dementsprechend sind auch die psychischen Kosten der Beschwerdeführung und die Gefahr, sich eher lächerlich zu machen, groß, was die Beschwerdeneigung senkt.

Wie in diesem Fall ist es grundsätzlich sehr wahrscheinlich, dass gerade die von den Kunden als besonders gravierend empfundenen Verletzungen ihrer menschlichen Bedürfnisse wie Achtung, Respekt oder Fairness kaum in Beschwerden zum Ausdruck kommen und somit auch dem Dienstleister nicht zur Kenntnis kommen. Auch eine standardisierte Zufriedenheitsmessung hilft in diesen Fällen nicht weiter. Hätte der Hotelgast einen Fragebogen auf dem Nachttisch vorgefunden, in welcher Kategorie hätte er seinen Ärger zum Ausdruck bringen können: Freundlichkeit? An Freundlichkeit hat es nicht gefehlt. Und die menschlichen Bedürfnisse sind auf dem Fragebogen nicht aufgeführt. Es bedarf also anderer Erhebungsinstrumente, die alle vom Kunden als kritisch empfundenen Ereignisse erfassen, gleichgültig ob sie sich auf Aspekte der Leistung oder aber auf grundlegende menschliche Bedürfnisse beziehen. Denn es sind diese kritischen Ereignisse, die das Kundenerleben zentral beeinflussen und auch das nachfolgende Verhalten, das insbesondere im Festhalten oder aber im Abbruch der Geschäftsbeziehung zum Ausdruck kommt.

Das zeigt sich auch im Grandhotel, wo die Familie sehr bald mit einem zweiten negativen kritischen Ereignis konfrontiert wird. Eines der Kinder hatte Keuchhusten gehabt; die Krankheit ist am Abklingen, ja schon fast überwunden, doch das gelegentliche Husten des Kindes beunruhigt einen anderen Hotelgast, eine italienische Fürstin, die sich mit einer Beschwerde an die Hotelleitung wendet:

„Im weiblichen Vollgefühl ihres Ansehens wurde sie vorstellig bei der Direktion, und diese, in der Person des bekannten Gehrockmanagers, beeilte sich, uns mit vielem Bedauern zu bedeuten, unter diesen Verhältnissen sei unsere Umquartierung in den Nebenbau des Hotels eine unumgängliche Notwendigkeit. Wir hatten gut beteuern, die Kinderkrankheit befinde sich im Stadium letzten Abklingens, sie habe als überwunden zu gelten und stelle keinerlei Gefahr für die Umgebung mehr dar. Alles, was uns zugestanden wurde, war, daß der Fall vor das medizinische Forum gebracht und der Arzt

des Hauses – nur dieser, nicht etwa ein von uns bestellter – zur Entscheidung berufen werden möge. Wir willigten in dieses Abkommen, überzeugt, so sei zugleich die Fürstin zu beruhigen und für uns die Unbequemlichkeit eines Umzuges zu vermeiden. Der Doktor kommt und erweist sich als ein loyaler und aufrechter Diener der Wissenschaft. Er untersucht den Kleinen, erklärt das Übel für abgelaufen und verneint jede Bedenklichkeit. Schon glauben wir uns berechtigt, den Zwischenfall für beigelegt zu halten: da erklärt der Manager, daß wir die Zimmer räumten und in der Dependence Wohnung nähmen, bleibe auch nach den Feststellungen des Arztes geboten.

Dieser Byzantismus empörte uns. Es ist unwahrscheinlich, daß die wortbrüchige Hartnäckigkeit, auf die wir stießen, diejenige der Fürstin war. Der servile Gastwirt hatte wohl nicht einmal gewagt, ihr von dem Votum des Doktors Mitteilung zu machen. Jedenfalls verständigten wir ihn dahin, wir zögen es vor, das Hotel überhaupt und sofort zu verlassen, – und packten. Wir konnten es leichten Herzens tun, denn schon mittlerweile hatten wir zur Pensione Eleonora, deren freundlich privates Äußere uns gleich in die Augen gestochen hatte, im Vorübergehen Beziehungen angeknüpft und in der Person ihrer Besitzerin, Signora Angiolieri, eine sehr sympathische Bekanntschaft gemacht."[56]

Der Vorfall ist aus mehreren Gründen für Dienstleistungsmanager aufschlussreich. Zum einen sieht man hier wiederum, dass Auslöser von gravierenden Störgefühlen im Dienstleistungskontext nicht Fehler in den Systemen und Prozessen oder mangelhaftes Mitarbeiterverhalten sein müssen, sondern andere Faktoren sein können, zu denen auch die *Mitkunden,* wie hier beispielsweise die ebenfalls anwesenden Gäste, gehören. Im Kapitel ‚Der Zauberberg' wird intensiv auf dieses Phänomen und die daraus resultierenden Managementanforderungen eingegangen. Interessant an diesem Fall ist auch, dass sich die Wut und der Ärger des Erzählers nicht direkt gegen die sich beschwerende Mitkundin richten, sondern gegen die Hotelleitung, ihren *Byzantismus* im Sinne einer kriecherischen Ergebenheit des Grandhoteldirektors, dem ein moralisch verwerflicher *Wortbruch* vorgeworfen und der jetzt auch abschätzig nur noch als *serviler Gastwirt* bezeichnet wird. Das heißt, während ein Kunde geradezu selbstverständlich erwartet, dass der Dienstleister im Konfliktfall mit anderen Kunden seine Partei ergreift, erscheint die Parteinahme für den ‚Gegner' als skandalös und moralisch verwerflich. Für den Hotelgast resultiert der hohe Grad an Erbitterung nicht nur aus der Tatsache einer solchen Parteinahme, sondern auch daraus, dass diese offenbar aus eigenem Antrieb erfolgte und ohne den Versuch, in einem Gespräch mit der ‚gegnerischen' Kundin nach einer beide Seiten befriedigenden Lösung zu suchen. Denn dieser Umstand beweist nur wiederum, dass eine andere Kundin bevorzugt wird, weil sie eine Klasse besser ist, weil es sich um eine Fürstin handelt, weil sie als Stammkundin möglicherweise dauerhaft fürstliche Einnahmen garantiert und daher selbstverständlich als Kaiserin unter den Kunden-Königinnen zu behandeln ist.

Insofern handelt es sich eigentlich um das gleiche Problem wie bei dem Veranda-Vorfall und verstärkt dieses noch. Die erneute massive Ungleichbehandlung und Ungerechtigkeit werden als persönliche Diskriminierung empfunden, was die bereits vorhandene Unzufriedenheit erhöht. Nach dem zweiten Vorfall ist der Verweis in die zweite Reihe, die unübersehbare Einschätzung als zweitrangig, nicht mehr als Lapsus zu interpretieren, sondern hat System. Diese Verletzung des Selbstbildes macht ein weiteres Bleiben unmöglich. Der Bruch kommt dann schnell, weil er innerlich schon vorbereitet war. Die Alternative, die Pension Eleonora, war schon ins Auge gefasst, Kontakte zur Besitzerin waren bereits geknüpft. Und nach dem Umzug erscheint der Wechsel vom Grandhotel in die Pension trotz mancher objektiver Nachteile (wie der Entfernung zum Strand) durchweg als Gewinn, und zwar nicht nur wegen der durch individuelle Ansprache besser befriedigten menschlichen Bedürfnisse, sondern auch aufgrund als überlegen wahrgenommener Leistungsmerkmale:

„Dorthin also ließen wir unsere Sachen bringen, zum Leidwesen des nach gut italienischer Art sehr kinderlieben Personals vom Grand Hôtel; die uns eingeräumte Wohnung war geschlossen und angenehm; der Kontakt mit dem Meere bequem, vermittelt durch eine Allee junger Platanen, die auf die Strandpromenade stieß, der Speisesaal, wo Mme. Angiolieri jeden Mittag eigenhändig die Suppe auffüllte, kühl und reinlich, die Bedienung aufmerksam und gefällig, die Beköstigung vortrefflich, sogar Wiener Bekannte fanden sich vor, mit denen man nach dem Diner vorm Hause plauderte, und die weitere Bekanntschaften vermittelten, und so hätte alles gut sein können – wir waren unseres Tausches vollkommen froh, und nichts fehlte eigentlich zu einem zufriedenstellenden Aufenthalt."[57]

Doch trotz des nun angenehmen Aufenthalts in der Pension mit *kühl und reinlichem Speisesaal, aufmerksamer und gefälliger Bedienung, vortrefflicher Beköstigung und sogar eigenhändiger Bedienung* durch die Chefin wirkt das negative Grandhotel-Erlebnis nach, was die große Bedeutung dieser Art Vorfälle noch einmal unterstreicht.

"Dennoch wollte kein rechtes Behagen aufkommen. Vielleicht ging der törichte Anlaß unseres Quartierwechsels uns gleichwohl nach, – ich persönlich gestehe, daß ich schwer über solche Zusammenstöße mit dem landläufig Menschlichen, dem naiven Mißbrauch der Macht, der Ungerechtigkeit, der kriecherischen Korruption hinwegkomme. Sie beschäftigten mich zu lange, stürzten mich in ein irritiertes Nachdenken, das seine Fruchtlosigkeit der übergroßen Selbstverständlichkeit und Natürlichkeit dieser Erscheinungen verdankt."[58]

Solche kritischen Ereignisse bleiben hartnäckig im Gedächtnis und beeinträchtigen die Ferienstimmung. Am Ende wird selbst die im italienischen August zu erwartende Hitze als belastend, *afrikanisch* empfunden, der immer blaue Himmel geht auf die Nerven, und der Feriengast muss immer wieder an die schmachvolle Behandlung denken.

"Sie haben recht, ohne das dumme Geschichtchen mit dem Keuchhusten hätte ich es wohl nicht so empfunden; ich war gereizt, ich wollte vielleicht empfinden und griff halb unbewusst ein bereitliegendes geistiges Motiv auf, um die Empfindung damit wenn nicht zu erzeugen, so doch zu legitimieren und zu verstärken. Aber rechnen Sie hier mit unserem bösen Willen, – was das Meer betrifft, den Vormittag im feinen Sande, verbracht vor seiner ewigen Herrlichkeit, so kann unmöglich dergleichen in Frage kommen, und doch war es so, daß wir uns, gegen alle Erfahrung, auch am Strande nicht wohl, nicht glücklich fühlten."[59]

Einerseits weiß der Erzähler um die objektive Lächerlichkeit des Vorfalls, sonst hätte er sich ja auch beschwert. Zugleich benennt er das *dumme Geschichtchen* weiterhin mit den härtesten, stärksten moralischen Verdammungsurteilen: *Missbrauch der Macht, Ungerechtigkeit, kriecherische Korruption.* Der Ärger bleibt.

Erlebnisse, wie die in der Novelle geschilderten, wurden hier bereits und werden in der Dienstleistungsforschung generell als ‚Kritische Ereignisse' bezeichnet. Das sind Vorfälle, die von den Kunden entweder außerordentlich positiv oder besonders negativ empfunden und im Gedächtnis behalten werden. Kunden gelingt es häufig nicht, diese Ereignisse zu vergessen. Sie erinnern sich immer wieder daran, und in der Erinnerung werden auch die positiven oder negativen Emotionen wieder wach, die mit dem Erlebnis verbunden waren. Es sind die Ereignisse, die sofort wieder ins Gedächtnis gerufen werden, wenn sie an den Dienstleister denken, und die sie in ihrem persönlichen Umfeld weitererzählen. Es sind diese Erlebnisse, die darüber entscheiden, ob Kunden loyal bleiben und wiederkommen, ob sie kleine Leistungsmängel tolerieren oder ob sie sich unmittelbar aus der Kundenbeziehung verabschieden, beispielsweise das Grandhotel verlassen und in die nächstbeste Pension ziehen.

Daher ist es für Dienstleister so wichtig, von diesen Ereignissen zu erfahren und aus ihnen zu lernen. Dies ist möglich, wenn sie die *Methode der Kritischen Ereignisse (‚Critical Incident Technique')* einsetzen.

LEKTION 17

Die Methode der Kritischen Ereignisse[60]

Die ‚Methode der Kritischen Ereignisse' (‚Critical Incident Technique') ist eine mündliche Befragung, in der

Kunden gebeten werden, an ein besonders positives oder besonders negatives Erlebnis mit dem Dienstleister zurückzudenken und diesen Vorfall in allen Einzelheiten zu beschreiben. Die auf diese Weise gewonnenen Geschichten werden in einem mehrstufigen Verfahren ausgewertet, in dem auf der Basis von Inhaltsanalysen typische Erlebniskategorien gebildet und die Häufigkeiten der Erlebnisse ermittelt werden.

Für Dienstleister sind die in den Geschichten geschilderten kritischen Ereignisse aus mehreren Gründen von außerordentlich hohem informatorischem Wert:

(1) Sie erfassen alle Aspekte des Dienstleistungskonsums, die von den Kunden subjektiv als besonders zufriedenstellend oder ärgerlich erlebt wurden, die sie dauerhaft im Gedächtnis behalten, immer wieder weitererzählen und die nachhaltig ihre Einstellung und ihr Verhalten gegenüber dem Dienstleister bestimmen.

(2) Zudem wird das Kundenerleben authentisch erfasst, da die Befragten durch die offene Fragestellung nicht in den konzeptionellen Rahmen eines Fragebogens gepresst werden, sondern ihr Verständnis in ihrer Sprache so artikulieren können, wie sie dies im Alltag auch tun. Dabei werden alle Qualitätsaspekte erhoben, die aus Kundensicht wichtig sind, und eine systematische Ausblendung von Problembereichen wird verhindert. Auch liefern die Kunden in den detaillierten Schilderungen eine Vielzahl eindeutiger und konkreter Informationen, die unmittelbar vom Dienstleister für Maßnahmen der Qualitätsverbesserung und des Marketings genutzt werden können.

(3) Darüber hinaus bietet die Methode der Kritischen Ereignisse die Möglichkeit festzustellen, welche Leistungsmerkmale aus Kundensicht zu den Minimum- und welche zu den Werterhöhungsqualitäten gehören. Minimumqualitäten sind die Merkmale und Leistungsniveaus, die den Kern des Dienstleistungsangebots ausmachen und daher nach Ansicht der Kunden in jedem Fall mindestens vorliegen müssen. Die Erfüllung dieser Minimumanforderungen durch den Dienstleister führt nicht zu nennenswerter Kundenzufriedenheit, ihre Nichterfüllung aber sofort zu starker Unzufriedenheit. Daher finden Minimumqualitäten ihren Niederschlag in negativen kritischen Ereignissen (wie mangelnde Ausführung der Kernleistung, Nichteinhaltung von Versprechen, Verletzung von menschlichen Bedürfnissen nach respektvoller und fairer Behandlung). Werterhöhungscharakter haben dagegen die Qualitätsmerkmale, bei deren Vorliegen ein besonderes Gefühl der Zufriedenheit erzeugt wird, weil man überraschend mehr als erwartet erhält. Werterhöhungsqualitäten spiegeln sich in den positiven Geschichten wider, in denen Kunden etwas erhalten, das ihre Erwartungen übersteigt (wie eine außergewöhnlich aufmerksame Behandlung, individuelle Erfüllung von Sonderwünschen).

Mit Hilfe der Kritischen Ereignismethode erfahren Dienstleister demnach einerseits, wo sie zunächst ansetzen müssen, um die Mindesterwartungen ihrer Kunden zu erfüllen, und andererseits, auf welche Leistungskomponenten sie in einem zweiten Schritt ihre Anstrengungen konzentrieren sollten, um sich als Qualitätsführer im Wettbewerb zu positionieren.

Insgesamt ist damit Dienstleistern zu empfehlen, sich intensiv mit dem konkreten Dienstleistungserleben ihrer Kunden zu befassen. Dazu müssen sie die Geschichten kennen, die Kunden über das persönlich mit dem Dienstleister Erlebte weitererzählen. Dies aber erfordert es, entsprechende Geschichten regelmäßig durch eine Befragung mit Hilfe der Methode der Kritischen Ereignisse zu erheben und auszuwerten.

Doch kehren wir zurück nach Torre di Venere und zu unserer Familie, die nicht wirklich in Ferienstimmung kommt, wofür auch der politische Hintergrund in einem betont national-patriotischen Klima in der Zeit des faschistischen Italiens eine Rolle spielt. Und dies ist auch der Hintergrund für das nächste kritische Ereignis, das die Feriengäste erleben, alles noch bevor die Serie beeinträchtigender Ferienerlebnisse in der Vorstellung des Zauberers ihren tragischen Höhepunkt erfährt.

DER REISENDE IM INTERKULTURELLEN SERVICEKONFLIKT

Diesmal spielt sich das Ereignis am Strand von Torre di Venere ab, wo sich die genervte deutsche Familie durch das Verhalten der einheimischen Badegäste gestört fühlt:

„Stimmen haben diese Frauen – ! Es wird zuweilen recht unwahrscheinlich, daß man sich in der Heimat der abendländischen Gesangskunst befindet. ‚Fuggièro!' Ich habe den Ruf noch heute im Ohr, da ich ihn zwanzig Vormittage lang hundertmal dicht neben mir erschallen hörte in heiserer Ungedecktheit gräßlich akzentuiert, mit grell offenem è, hervorgestoßen von einer Art mechanisch gewordener Verzweiflung.

‚Fuggièro! Rispondi al mèno!' Wobei das sp populärerweise nach deutscher Art wie sch gesprochen wurde – ein Ärgernis für sich, wenn sowieso üble Laune herrscht. Der Schrei galt einem abscheulichen Jungen mit ekelerregender Sonnenbrandwunde zwischen den Schultern, der an Widerspenstigkeit, Unart und Bosheit das Äußerste zum besten gab, was mir vorgekommen, und außerdem ein großer Feigling war, imstande, durch seine empörende Wehleidigkeit den ganzen Strand in Aufruhr zu bringen."[61]

Durch die vorangegangenen Erlebnisse sowieso schon schlecht gelaunt, geht dem Erzähler fast alles, was er hört oder sieht, auf die Nerven. Die Stimmen der rufenden Mütter sind unangenehm *heiser* und *grell;* sie entsprechen damit gar nicht denen, die der deutsche Freund italienischer Opern erwarten darf. Sogar ihre Aussprache der italienischen Konsonanten ist nicht fehlerfrei, ihre *grässliche Akzentuierung* verletzt das Ohr dessen, der die Fremdsprache in Deutschland makellos, in reiner Schönheit gelernt hat. Und dann das alles in der als zwanghaft-national empfundenen Strandstimmung, die auch von den jüngsten Einheimischen verursacht wird: *„Tatsächlich wimmelte es am Strande von patriotischen Kindern."*[62] Kein Wunder, dass der prototypische Junge als über alle Maßen *abscheulich, ekelerregend, feige* und zudem noch *wehleidig* wahrgenommen wird.

Das ist der Hintergrund, vor dem sich das folgende kritische Ereignis abspielt:

„Mit einem Worte, wir verletzten die öffentliche Moral. Unser Töchterchen, achtjährig, aber nach ihrer körperlichen Entwicklung ein gutes Jahr jünger zu schätzen und mager wie ein Spatz, die nach längerem Bad, wie es die Wärme erlaubte,

ihr Spiel an Land im nassen Kostüm wieder aufgenommen hatte, erhielt Erlaubnis, den von anklebendem Sande starrenden Anzug noch einmal im Meer zu spülen, um ihn dann wieder anzulegen und vor neuer Verunreinigung zu schützen. Nackt läuft sie zum wenige Meter entfernten Wasser, schwenkt ihr Trikot und kehrt zurück. Hätten wir die Welle von Hohn, Anstoß, Widerspruch voraussehen müssen, die ihr Benehmen, unser Benehmen also, erregte? Ich halte Ihnen keinen Vortrag, aber in der ganzen Welt hat das Verhalten zum Körper und seiner Nacktheit sich während der letzten Jahrzehnte grundsätzlich und das Gefühl bestimmend gewandelt. Es gibt Dinge, bei denen man sich ‚nichts mehr denkt‘, und zu ihnen gehörte die Freiheit, die wir diesem so gar nicht herausfordernden Kinderleibe gewährt hatten. Sie wurde jedoch hierorts als Herausforderung empfunden. Die patriotischen Kinder johlten. Fuggièro pfiff auf den Fingern. Erregtes Gespräch unter Erwachsenen in unserer Nähe wurde laut und verhieß nichts Gutes. Ein Herr in städtischem Schniepel, den wenig strandgerechten Melonenhut im Nacken, versichert seinen entrüsteten Damen, er sei zu korrigierenden Schritten entschlossen; er tritt vor uns hin, und seine Philippika geht auf uns nieder, in der alles Pathos des sinnenfreudigen Südens sich in den Dienst spröder Zucht und Sitte gestellt findet. Die Schamwidrigkeit, die wir uns hätten zuschulden kommen lassen, hieß es, sei um so verurteilenswerter, als sie einem dankvergessenen und beleidigenden Mißbrauch der Gastfreundschaft Italiens gleichkomme. Nicht allein Buchstabe und Geist der öffentlichen Badevorschriften, sondern zugleich auch die Ehre seines Landes seien freventlich verletzt, und in Wahrung dieser Ehre werde er, der Herr im Schniepel, Sorge tragen, daß unser Verstoß gegen die nationale Würde nicht ungeahndet bleibe.

Wir taten unser Bestes, diese Suade mit nachdenklichem Kopfnicken anzuhören. Dem erhitzten Menschen widersprechen hätte zweifellos geheißen, von einem Fehler in den anderen fallen. Wir hatten dies und das auf der Zunge, zum Beispiel, dass nicht alle Umstände zusammenträfen, um das Wort Gastfreundschaft nach seiner reinsten Bedeutung ganz am Platze erscheinen zu lassen, und daß wir, ohne Euphemismus gesprochen, nicht sowohl die Gäste Italiens, sondern der Signora Angiolieri seien, welche eben seit einigen Jahren den Beruf einer Vertrauten der Duse gegen den der Gastlichkeit eingetauscht habe. Auch hatten wir Lust, zu antworten, wie wir nicht wüßten, daß die moralische Verwahrlosung in diesem schönen Lande je einen solchen Grad erreicht gehabt habe, daß ein solcher Rückschlag von Prüderie und Überempfindlichkeit begreiflich und notwendig erscheinen könne. Aber wir beschränkten uns darauf, zu versichern, daß jede Provokation und Respektlosigkeit uns ferngelegen habe, und entschuldigend auf das zarte Alter, die leibliche Unbeträchtlichkeit der kleinen Delinquentin hinzuweisen. Umsonst. Unsere Beteuerungen wurden als unglaubhaft, unsere Verteidigung als hinfällig zurückgewiesen und die Errichtung eines Exempels als notwendig behauptet. Telephonisch, wie ich glaube, wurde die Behörde benachrichtigt, ihr Vertreter erschien am Strande, er nannte den Fall sehr ernst, molto grave, und wir hatten ihm hinauf zum ‚Platze', ins Municipio zu folgen, wo ein höherer Beamter das vorläufige Urteil ‚molto grave' bestätigte, sich in genau denselben, offenbar landläufigen didaktischen Redewendungen über unsere Tat erging wie der Herr im steifen Hut und uns ein Sühne- und Lösegeld von fünfzig Lire auferlegte. Wir fanden, diesen Beitrag zum italieni-

schen Staatshaushalt müsse das Abenteuer uns wert sein, zahlten und gingen."[63]

Versetzt man das Geschehen an einen Hotelstrand oder -pool, so haben wir es hier mit einem außerordentlich erhellenden Beispiel eines spezifischen Dienstleistungskonfliktes zu tun. Der ausländische Gast verstößt gegen die Normen des Gastlandes, empört damit die einheimischen Kunden, wird von ihnen und sogar von der Obrigkeit sanktioniert, ist aber nicht nur uneinsichtig, sondern fühlt sich ungerecht behandelt, aufs Tiefste verletzt und schüttet Hohn und Verachtung über die einheimischen Kunden und ihr Land aus. Damit gerät ein neuer Aspekt des Dienstleistungskonsums in den Blick, nämlich der *interkulturelle Dienstleistungskontakt* mit seinen Konflikten und den daraus resultierenden Implikationen für das Dienstleistungsmanagement.

Lektion 18

Interkulturelle Dienstleistungskontakte[64]

Dienstleistungskontakte werden als interkulturell bezeichnet, wenn die am Leistungserstellungsprozess Beteiligten unterschiedlichen Kulturkreisen angehören. Die Zugehörigkeit zu einer bestimmten Kultur prägt auch die leistungs- und bedürfnisbezogenen Erwartungen und Wahrnehmungen eines Menschen. Insofern treffen während eines interkulturellen Dienstleistungskontaktes die durch die eigene Kultur geprägten Denkgewohnheiten und Verhaltensweisen auf davon abweichende, in einer fremden Kultur gelernte Denkweisen und Verhaltensmuster. Daraus können ernste Konflikte zwischen Mitarbeitern und Kunden, aber auch zwischen

Kunden aus verschiedenen Kulturkreisen entstehen. Deshalb müssen Dienstleister das Management interkultureller Dienstleistungskontakte als eigenständige Aufgabe begreifen. Da mit der zunehmenden Internationalisierung und Globalisierung der Dienstleistungswirtschaft die Zahl interkultureller Dienstleistungskontakte stark zunimmt, gilt dies generell und nicht mehr nur für die traditionell mit diesem Phänomen vertrauten Unternehmen der Tourismusbranche.

Thomas Mann beschreibt den Vorfall aus der Perspektive des ausländischen Gastes für sein heimatliches Lesepublikum, von dem zu erwarten ist, dass es seine Sichtweise und Empörung teilt. Der Erzähler tut alles, um im ironischen Ton die Absurdität und Abgeschmacktheit der Reaktion der einheimischen Kunden auf die Tatsache, dass ein kleines Mädchen am Strand für kurze Zeit nackt herumläuft, herauszustellen. Demgegenüber erscheint das eigene Verhalten selbstverständlich als völlig fehlerfrei und normal. Die eigene Sichtweise ist diejenige, die *in der ganzen Welt* geteilt wird; es ist doch überall inzwischen der Fall, dass man sich bei so etwas *nichts mehr denkt*. Da meint man als Gast aus dem vermeintlich sinnenfeindlichen Norden im *sinnenfreudigen Süden* zu sein und sieht sich nun dem Vorwurf ausgesetzt, die öffentliche Moral und Sitte verletzt zu haben; man tut ja so, als habe man nicht nur eine Badevorschrift übertreten, sondern auch noch die Gastfreundschaft des Landes verletzt und die Ehre des Landes beleidigt. Das erscheint absurd. Nein, die Immoralität ist auf der anderen Seite, auf der Seite der Einheimischen, die mit massiven und völlig unangemessenen und überzogenen Reaktionen unter Einschaltung der Obrigkeit nicht nur ihre *Prüderie* und *Überempfindlichkeit* zeigen, sondern auch eine hochgradige *moralische Verwahrlosung*, die offenbar für die patriotisch-faschistischen einheimischen Kunden typisch ist.

Die Schilderung des Reisenden, die der deutsche Leser sicherlich heute noch mehr als damals mit großer Zustimmung teilen wird, benennt aus Sicht des ausländischen Gastes einen interkulturellen Konflikt im Dienstleistungskontakt. Immer wenn in interkulturellen Dienstleistungskontakten ein solches Problem entsteht, weil irgendein Aspekt des einheimischen Angebots nicht den fremdkulturell geprägten Erwartungen des ausländischen Kunden entspricht, liegt aus dessen Sicht eine *interkulturelle Anbieterleistungslücke* vor.

LEKTION 19
Interkulturelle Anbieterleistungslücke[65]

Eine interkulturelle Anbieterleistungslücke liegt vor, wenn ausländische Kunden eine kulturell bedingte Diskrepanz erfahren zwischen dem, was sie vom Dienstleistungsangebot erwarten, und dem, was sie während des Kontaktes erleben. Die wahrgenommene Qualität der Dienstleistung eines einheimischen Anbieters weicht somit in negativer Weise erheblich von der Leistung ab, die ein ausländischer Kunde aufgrund der in seinem Heimatland gebildeten Erwartungen noch für akzeptabel hält.

Während des Dienstleistungskonsums kommt der Kunde mit dem Umfeld, Mitarbeitern, den Systemen und anderen Kunden in Kontakt, so dass die interkulturelle Anbieterleistungslücke unterschiedliche Ausprägungen haben kann:

(1) Eine *anbieterbezogene Umfeldlücke* ist gegeben, wenn die Erwartungen ausländischer Kunden in Bezug auf die Gestaltung des materiellen Umfelds nicht erfüllt werden, beispielsweise Irritationen aufgrund kulturell abweichender Bedeutungen von Farben und Symbolen entstehen.

(2) Eine *anbieterbezogene Mitarbeiterlücke* ist dadurch charakterisiert, dass Mitarbeiter des einheimischen Dienstleisters nicht das vom ausländischen Kunden erwartete Verhalten zeigen, beispielsweise als unangemessen empfundene Formen der verbalen und nonverbalen Kommunikation (wie Blick- und Körperkontakt) anwenden.

(3) Eine *anbieterbezogene Systemlücke* liegt vor, wenn der ausländische Kunde mit den einheimischen Dienstleistungssystemen nicht vertraut ist oder wenn aufgrund kulturell abweichender Machbarkeits- und Zeitorientierungen Diskrepanzen im Hinblick auf die Schnelligkeit und Effizienz von Systemen auftreten.

(4) Eine *anbieterbezogene Mitkundenlücke* resultiert daraus, dass ausländische Kunden im Dienstleistungskontakt mit anderen Kunden konfrontiert werden, die sich auf eine Weise verhalten, die den Normen des Herkunftslandes widersprechen.

Um diese interkulturellen Anbieterleistungslücken bzw. die daraus resultierenden Konflikte zu reduzieren, steht Dienstleistern ein differenziertes Instrumentarium zur Verfügung. Dieses reicht von der peripheren Anpassung des Angebots über interkulturelle Trainings von Mitarbeitern bis zur Beeinflussung der Erwartungen ausländischer Kunden.

In dem vorliegenden Fall verhalten sich nach Meinung des ausländischen Gastes die einheimischen Mitkunden auf empörende Weise falsch, so dass die Variante einer interkulturellen anbieterbezogenen Mitkundenlücke vorliegt. Dies beginnt schon damit, dass die einheimischen Kunden in einer als störend empfundenen Lautstärke miteinander kommunizieren *(Stimmen haben diese Frauen – !)*, und kumuliert in dem Vorfall, indem sie in einer als aggressiv wahrgenommenen Weise belehrend auftreten.

Allerdings sind interkulturelle Dienstleistungskontakte und -konflikte nicht nur aus der Perspektive des ausländischen Kunden zu betrachten, sondern auch aus der Sicht des inländischen Anbieters. Denn im Dienstleistungskontakt haben ja nicht nur Nachfrager Erwartungen in Bezug auf das Anbieterverhalten, sondern auch der Anbieter hat Erwartungen an das Verhalten des Kunden. Da die Dienstleistungserstellung der Kundenbeteiligung bedarf, ist die erfolgreiche Dienstleistungsproduktion davon abhängig, dass die Kunden die ihnen zugewiesenen Funktionen erfüllen. Sie müssen den richtigen Ort aufsuchen und die jeweiligen Systeme adäquat nutzen. Zudem haben Mitarbeiter des Dienstleisters und einheimische Mitkunden auch klare Vorstellungen hinsichtlich des Rollenverhaltens in Interaktionen. Die dienstleistungsspezifischen Funktionen und Rollen haben die Kunden allerdings in ihrem Kulturkreis gelernt, und in interkulturellen Servicekontakten kann es sich erweisen, dass sich diese kulturgeprägten Skripts in dem fremden Umfeld nicht bewähren und der Nachfrager nicht die von ihm erwartete Leistung bringt. In diesen Fällen liegt aus Anbietersicht eine *interkulturelle Nachfragerleistungslücke* vor.

LEKTION 20

Interkulturelle Nachfragerleistungslücke[66]

Eine interkulturelle Nachfragerleistungslücke entsteht, wenn sich ausländische Kunden im Dienstleistungskontakt – kulturell bedingt – in negativer Weise abweichend von dem verhalten, was einheimische Mitarbeiter und Kunden in der Regel erwarten können. Analog zur Anbieterleistungslücke kann auch die Nachfragerleistungslücke in verschiedener Hinsicht auftreten:

(1) Eine *nachfragerbezogene Umfeldlücke* ist gegeben, wenn sich ausländische Kunden aufgrund der Unkenntnis bzw. Missinterpretation von räumlichen Anordnungen, Zeichen oder Symbolen nicht zurechtfinden und die Effizienz des Prozesses beeinträchtigen.

(2) Eine *nachfragerbezogene Mitarbeiterlücke* liegt vor, wenn Kunden in der persönlichen Interaktion durch die Art ihrer Kommunikation und ihr Rollenverhalten die Erwartungen der einheimischen Mitarbeiter verletzen.

(3) Eine *nachfragerbezogene Systemlücke* entsteht, wenn ausländische Kunden mit den Dienstleistungssystemen des Anbieters (z.B. den Anmelde-, Reservierungs- oder Selbstbedienungssystemen) nicht vertraut sind und daher Störungen im Ablauf verursachen.

(4) Eine *nachfragerbezogene Mitkundenlücke* zeigt sich darin, dass sich die ausländischen Kunden während des Aufenthalts beim Dienstleister auf eine Weise beneh-

men, die von einheimischen Kunden als störend und unangemessen empfunden wird, beispielsweise weil sie gegen explizite Regeln oder implizite gesellschaftliche Normen verstoßen.

Um die aus der interkulturellen Nachfragerleistungslücke resultierenden Effizienzprobleme und Konflikte zu vermeiden bzw. zu verringern, können Dienstleister Maßnahmenbündel einsetzen, die es zum einen dem ausländischen Kunden erleichtern, das für sie neue Rollenverhalten zu lernen, und die zum anderen Mitarbeiter auf typische Situationen abweichenden Rollenverhaltens ausländischer Kunden vorbereiten.

Der Vorfall am Strand von Torre di Venere ist auch ein plastisches Beispiel für eine nachfragerbezogene interkulturelle Mitkundenlücke. Von Thomas Mann wird zwar nur die Perspektive des ausländischen Nachfragers geschildert. Doch wie sieht der Vorfall aus, wenn man ihn durch die (Sonnen-)Brille der einheimischen Gäste betrachtet?

Die inländischen Strandbesucher fühlen sich gestört und herausgefordert durch ausländische Kunden, die sich nicht an die einheimischen Regeln gebunden glauben, die meinen, diese auch nicht akzeptieren zu müssen, da sie diese für unpassend, unmodern und kleingeistig halten. Dieses Verhalten und die darin zum Ausdruck kommende Haltung wird von den Einheimischen als ärgerlich, ja als Aggression, als Angriff auf ihr Selbstverständnis und Wertesystem interpretiert, was ihre Stimmung und damit die Qualität ihres Stranderlebens beeinträchtigt.

Solche nachfragerbezogenen Leistungslücken sind keineswegs selten. Mit der gleichen Selbstsicherheit und Selbstgewissheit wie der Erzähler gehen auch heute manche deutsche Touristen in Badehose ins Restaurant, versuchen in Bikini und Lederhose den Petersdom zu besuchen und bestehen auch in muslimischen Ländern auf ihr moralisch überlegendes Recht auf streifenfreie Bräune. Und selbstverständlich betreffen entsprechende Verhaltensweisen nicht nur das Verletzen der einheimischen gesellschaftlichen Normen oder hausinterner Regeln und Gebote. Andere Beispiele liegen vor, wenn ausländische Hotelgäste beispielsweise rufen, feiern oder musizieren zu Zeiten und in einer Lautstärke, die ihnen normal vorkommt, von den einheimischen Gästen aber als massive Störung empfunden wird. Solche Verhaltensweisen stellen ein Managementproblem dar, weil einheimische Kunden die Nachfragerfehler nicht nur den fremden Gästen zurechnen, sondern auch den Dienstleister in der Pflicht sehen, diese von ihnen wahrgenommene Beeinträchtigung der Dienstleistungsqualität zu beenden. Am italienischen Strand von Torre de Venere wird die staatliche Gewalt in der Person eines höheren Beamten zu Hilfe gerufen, um die ausländischen Kunden zu maßregeln, die darauf mit Empörung reagieren. Bei entsprechenden Konflikten am unternehmensinternen Ort der Dienstleistungserstellung stehen Management und Mitarbeiter vor der schwierigen Aufgabe, die Situation in Ruhe zu klären und eine Lösung zu finden, die von den Parteien trotz ihrer kulturell konfligierenden Orientierungen verstanden und letztlich als fair wahrgenommen wird.

Nun hat der Erzähler also schon viele missliche Erlebnisse in seinem Italienurlaub gehabt, aber Mario aus dem Titel der Novelle spielte bisher nur eine noch nicht erwähnte Nebenrolle. Mario ist Kellner im Gartencafé ‚Esquisito', wird dort von der Familie fast täglich gesehen und ist geradezu ein Freund der Kinder. Er wird unfreiwillig zum tragischen Helden der angekündigten Zaubervorstellung, an der er – wie die Familie des Erzählers – als Besucher teilnimmt.

Der Künstler, Cavaliere Cipolla, beherrscht virtuos sein Zauberhandwerk, Zahlen- und Kartentricks. Doch im Verlauf der Veranstaltung zeigt sich mehr und mehr, dass er nicht nur ein typischer zaubernder Unterhaltungskünstler ist, sondern ein Hypnotiseur, der Besucher in Hypnose dazu zwingt, seine Befehle auszuführen und dabei auch Dinge zu tun, die sie niemals freiwillig getan hätten und die sie der Lächerlichkeit des gesamten Publikums preisgeben. Auf dem Höhepunkt der Show befiehlt er den Kellner Mario auf die Bühne und bringt ihn im hypnotisierten Zustand dazu, den buckligen Manipulator zu küssen, in der Annahme, er sei das von ihm geliebte Mädchen Silvestra. Als Mario, wieder erwacht und gedemütigt, seine peinliche Situation erkennt, greift er zur Pistole und erschießt den Zauberer, der ihn missbrauchte.

QUELLENANGABEN

46 Mann, T.: Mario und der Zauberer – ein tragisches Reiseerlebnis, in: Mann, T.: Späte Erzählungen, Gesammelte Werke in Einzelbänden, Frankfurter Ausgabe, hrsg. von Mendelssohn, P. de, Frankfurt 1981, S. 186-240.
47 Ebenda, S. 188-189.
48 Coenen, C.: Prosoziales Dienstleisterverhalten im Kundenkontakt, Wiesbaden 2005, S. 33-40.
49 Schneider, B./Bowen: Understanding customer delight and outrage in: Sloan Management Review, 41. Jg. 1999, Nr. 1, S. 37.
50 Stauss, B./Seidel, W.: Prozessuale Zufriedenheitsermittlung und Zufriedenheitsdynamik bei Dienstleistungen, in: Homburg, C. (Hrsg.): Kundenzufriedenheit, Konzepte – Methoden – Erfahrungen, 6. Aufl., Wiesbaden 2006, S. 171-195.
51 Danaher, P.J./Mattsson, J.: Customer satisfaction during the service delivery process, in: European Journal of Marketing, 28. Jg. 1994, Nr. 5, S. 4-16.
52 Stauss, B./Seidel, W.: Evidenz-Controlling im Beschwerdemanagement – Ein Ansatz zur Abschätzung des ‚Verärgerungs-Eisbergs', in: Bruhn, M./Stauss, B. (Hrsg.): Dienstleistungscontrolling – Forum Dienstleistungsmanagement, Wiesbaden 2006, S. 89-111.
53 Stauss, B./Seidel, W.: Beschwerdemanagement, 4. Aufl., München 2007, S. 62-63.
54 Stauss, B.: Kundenbindung durch Beschwerdemanagement, in: Bruhn, M./Homburg, Ch. (Hrsg.): Handbuch Kundenbindungsmanagement, 7. Aufl., Wiesbaden 2010, S. 411-438.
55 Stauss, B./Seidel, W.: Beschwerdemanagement, a.a.O., S. 67-70.
56 Mann, T., Mario, a.a.O., S. 190.
57 Ebenda, S. 191.
58 Ebenda, S. 191-192.
59 Ebenda, S. 192-193.
60 Stauss, B.: Der Einsatz der „Critical Incident Technique" im Dienstleistungsmarketing, in: Tomczak, T./Belz, Ch. (Hrsg.): Kundennähe realisieren, Ideen – Konzepte – Methoden – Erfahrungen, St. Gallen 1994, S. 233-250.
61 Mann, T., Mario, a.a.O., S. 193.

62 Ebenda, S. 194.
63 Ebenda, S. 195-196.
64 Stauss, B.: Management interkultureller Dienstleistungskontakte, in: Kutschker, M. (Hrsg.): Perspektiven der internationalen Wirtschaft, Wiesbaden 1999, S. 269-304.
65 Ebenda, S. 282-290.
66 Ebenda, S. 290-293.

Szene aus dem Film ‚Der Zauberberg' (1982) mit Margot Hielscher als Frau Stöhr
© Beta Film / Deutsche Kinemathek

Der Zauberberg

Held dieses großen, 1924 erschienenen Bildungsromans ist Hans Castorp, der als verwaistes Kind einer Hamburger Kaufmannsfamilie bei Verwandten aufwächst, ein Studium der Schiffbautechnik absolviert und vor dem vereinbarten Ingenieur-Volontariat bei einer Schiffswerft nach Davos reist, um sich zu erholen, vor allem aber, um seinen dort im Sanatorium Berghof weilenden Vetter Joachim Ziemßen zu besuchen.

Schon bald allerdings wird er von der besonderen Atmosphäre des abgeschiedenen Bergsanatoriums gefangen, das sich als ganz eigene Lebenswelt erweist, geprägt durch Krankheit und Tod, eine therapeutisch bedingt fest vorgegebene zeitliche Struktur sowie die Begegnung mit Ärzten und einer Vielzahl von Mitpatienten und ihren individuellen Eigenarten. Und so folgt er bei auftretenden leichten Krankheitssymptomen gern dem Rat des Klinikarztes, Hofrat Behrens, seinen Aufenthalt auszudehnen und in der Folge immer wieder zu verlängern.

Im Berghof macht er eine Fülle von Bekanntschaften und Erfahrungen, wobei insbesondere der Humanist Lodovico Settembrini von großer Bedeutung ist, der ihn in pädagogischer Absicht über philosophische und politische Fragen im aufklärerischen Sinne belehrt. Später kommt als dessen intellektueller Gegenspieler der Jesuit Naphta hinzu, der religiös-philosophisch doktrinäre, anti-aufklärerische Positionen vertritt. Die zahlreichen tiefgründigen und hart geführten Streitgespräche zwischen diesen Denkern über Politik und Religion, Leben und Tod, Geist und Natur, Körper und Seele stellen den Kern des Romans dar. Denn die großen Dispute zwingen Hans Castorp zur Reflexion der gegensätzlichen Positionen und zur eigenen Bewusstseinsbildung.

Dazu kommt auf emotionaler Ebene seine Verliebtheit in die verheiratete Russin Madame Clawdia Chauchat, die zwischenzeitlich abreist und ein wesentlicher Grund dafür ist, dass Hans Castorp seine gesundheitlich seit langem mögliche Abreise immer wieder mit Aussicht auf ihre mögliche Rückkehr verschiebt. So bleibt er in der Sanatoriumswelt auch dann noch, als sein Vetter Joachim stirbt und selbst als Madame Chauchat nach zwei Jahren in Begleitung eines Liebhabers, Mynheer Peeperkorn, wiederkehrt. Mit der Zeit entfremdet er sich völlig der fernen Welt im Flachlande, so dass sich letztlich der ursprünglich für drei Wochen geplante Besuch zu einen siebenjährigen Aufenthalt auf bzw. im Zauberberg ausgedehnt haben wird.

Natürlich hat dieser so knapp nur unzureichend zu skizzierende, fast tausendseitige Roman vordergründig nicht die Intention, Aussagen zum Dienstleistungskonsum und -management zu machen. Doch Schauplatz dieser Mehrjahreshandlung ist ein hotelartiges Sanatorium für Betuchte; eine Vielzahl von Hotelsituationen und medizinischen Dienstleistungen wird beobachtet und detailliert beschrieben. Und es sind diese Beobachtungen und Beschreibungen, die nicht nur wesentliche Erkenntnisse für Kliniken und Hotels liefern, sondern für alle Anbieter von Dienstleistungen, die von Kunden in Anwesenheit anderer Kunden erstellt und konsumiert werden und zudem die Zeit des Kunden beanspruchen. Damit sind bereits die zwei zentralen Themenbereiche des Romans genannt, die auch hier hervorgehoben werden sollen, weil sie von großer Bedeutung für den subjektiven Qualitätseindruck von Kunden sind, aber oft nur unzureichend in das Blickfeld des Dienstleistungsmanagements geraten: die *Mitkunden* als Beeinflusser von Prozess und Ergebnis der wahrgenommenen Servicequalität einerseits und das kundenseitige Erleben der *Zeit* im Dienstleistungsvollzug andererseits.

DIE MITBEWOHNER DES ZAUBERBERGS UND IHR EINFLUSS AUF DIE WAHRGENOMMENE DIENSTLEISTUNGSQUALITÄT

Mitkunden, also die zeitgleich mit Hans Castorp das Dienstleistungsangebot in Anspruch nehmenden Mitpatienten oder Mitgäste auf dem Berghof, spielen im Zauberberg-Roman eine außerordentlich große Rolle. Das gilt nicht nur für die genannten Hauptprotagonisten wie den Vetter Ziemßen, den Pädagogen Settembrini, die geliebte Madame Chauchat oder die beeindruckende Persönlichkeit des Mynheer Peeperkorn, sondern für eine Vielzahl von Personen, die im Speisesaal fünfmal am Tag gemeinsam das opulente Essen einnehmen und mit denen man zusammentrifft, sei es in der Liegehalle und in den Salons, während ärztlicher Vorträge, im Rahmen von Spaziergängen und Ausflügen oder gelegentlicher Feiern.

Diese Mitkunden werden genau beobachtet und beschrieben, in Bezug auf ihr Äußeres, ihre Kleidung und Frisuren, ihre Gestik, ihre Manieren, ihre Sprache, ihre Redeweisen, ihr Verhalten, ihre Beziehungen. Und diese Beschreibungen fallen zum Teil durchaus drastisch aus. In Bezug auf seine *„mörderlich ungebildete"*[67] Tischnachbarin bemerkt Hans Castorp beispielsweise: *"Frau Stöhr sollte sich das Haar waschen lassen, es ist so fett",*[68] und auch die Gäste vom ‚Schlechten Russentisch' werden sehr deutlich abwertend charakterisiert: *"Sie aßen mit dem Messer und besudelten auf nicht wiederzugebende Weise die Toilette."*[69] So lernt der Leser sehr genau aus Castorps Perspektive die Eigenheiten einschließlich Fieber- und Bildungsniveau derjenigen kennen, die mit ihm zusammen die hotelbezogenen und medizinischen Leistungen des Hauses in Anspruch nehmen.

So treffend diese Charakterisierungen sind, so ist aus genereller Dienstleistersicht nur von Bedeutung, inwiefern das beobachtete Mitkundenverhalten Einfluss auf Emotionen, Kognitionen und Verhalten der anderen anwesenden Gäste hat. In Bezug auf Hans Castorp ist auf ganz grundlegende Wirkungen im Hinblick auf den Einfluss des Mitkunden Settembrini auf den Bildungsprozess und der Mitkundin Madame Chauchat auf die Aufenthaltsdauer im Sanatorium bereits hingewiesen worden. Doch auch der Einfluss von Mitkunden, mit denen kaum oder gar keine direkten Kontakte bestehen, ist beachtlich. Zum einen als genereller Bestandteil der Dienstleistungsqualität, bilden doch die Beziehungen innerhalb der Berghofgesellschaft für Hans Castorp *"einen Hauptbestandteil der hiesigen Lebensluft"*[70] und er schätzt die gemeinsamen Mahlzeiten gerade auch *"um der Spannungen und Sehenswürdigkeiten willen, die sie mit sich brachten".*[71] Zum anderen aber durch spezifische Worte, Sätze oder Verhaltensweisen, die in positiver oder negativer Weise Emotionen auslösen und darüber die Stimmung, aber auch die Zufriedenheit mit der Dienstleistungsqualität generell beeinflussen. Drei Mitkunden mit ihrem Verhalten und die jeweilige Wirkung auf Hans Castorp und andere seien hier angeführt: Madame Chauchat, das ‚barbarische' russische Ehepaar und Herr Albin.

Gleich zu Beginn seines Aufenthaltes, beim Frühstück, erlebt Hans Castorp den unüberhörbaren Auftritt von Claudia Chauchat, die ihr Erscheinen im Speisesaal dadurch unterstreicht, dass sie – zu spät kommend – die Eingangstür zuschmettert. Bei Castorp, der Madame bisher nicht kennengelernt hat und aufgrund seiner Sitzposition auch nicht sehen kann, wer für diesen Vorfall verantwortlich ist, löst dieses Geräusch massive Emotionen aus:

„Plötzlich zuckte Hans Castorp geärgert und beleidigt zusammen. Eine Tür war zugefallen, es war die Tür links vorn, die gleich in die Halle führte, – jemand hatte sie zufallen lassen oder gar hinter sich ins Schloss geworfen, und das war ein Geräusch, das Hans Castorp auf den Tod nicht leiden konnte, das er von jeher gehaßt hatte. Vielleicht beruhte dieser Haß auf Erziehung, vielleicht auf Idiosynkrasie, – genug, er verabscheute das Türenwerfen und hätte jeden schlagen können, der es sich vor seinen Ohren zuschulden kommen ließ. In diesem Fall war die Tür obendrein mit kleinen Glasscheiben gefüllt, und das verstärkte den Chok: es war ein Schmettern und Klirren. Pfui, dachte Hans Castorp wütend, was ist denn das für eine verdammte Schlamperei!"[72]

Das war beim Frühstück. Aber beim nächsten Essen, mittags, wiederholt sich der Vorfall und damit der Emotionsschub:

„Erstens fiel wieder die Glastür zu, – es war beim Fisch. Hans Castorp zuckte erbittert und sagte dann in zornigem Eifer zu sich selbst, daß er unbedingt diesmal den Täter feststellen müsse."[73]

DER ZAUBERBERG

Die Stärke der bei Hans Castorp ausgelösten negativen Emotionen ist ja kaum noch zu überbieten. Er ist nicht nur verärgert oder beleidigt, sondern er fühlt Erbitterung, Wut, Zorn und Hass in einem Maße, dass der ansonsten wenig leidenschaftliche Mann nicht nur den Täter (bzw. die Täterin) identifizieren will, sondern den starken Wunsch hegt, diese(n) zu schlagen. Es werden somit durch eine Mitkundin ohne direkten persönlichen Kontakt ganz starke negative Emotionen beim Hotelessen ausgelöst, die nichts mit den vom Hotel zu verantwortenden Speisen, nichts mit dem Service zu tun haben, aber das Befinden außerordentlich beeinträchtigen, und dies auf Dauer und mit möglicherweise zunehmender Intensität angesichts des Wissens, dass die Täterin auch zukünftig fünfmal am Tag zuschlagen wird.

Doch nicht nur im Speisesaal, sondern auch in seinem eigenen Zimmer wird Hans Castorp durch Mitkunden gestört, nämlich durch das russische Ehepaar im Nachbarzimmer. Auf dessen Treiben wird er aufmerksam, als er auf dem zu seinem Zimmer gehörenden Balkon steht, seinen Blick über die Berge, das Tal und das Gelände des Sanatoriums schweifen lässt und den Klängen einer herüberwehenden Musik zuhört:

„Gleichzeitig aber faßte er noch etwas anderes auf, etwas Hörbares, Geräusche, die aus dem Nachbarzimmer zur Linken dem Zimmer des russischen Ehepaars, nach Joachims Angabe, kamen und gleichfalls nicht zu den heiteren, frischen Morgen passen wollten, sondern ihn irgendwie klebrig zu verunreinigen schienen. Hans Castorp erinnerte sich, daß er schon gestern abend dergleichen vernommen, doch hatte seine Müdigkeit ihn gehindert, darauf zu achten. Es war ein Ringen, Kichern und Keuchen, dessen anstößiges Wesen dem jun-

gen Mann nicht lange verborgen bleiben konnte, obgleich er sich anfangs aus Gutmütigkeit bemühte, es harmlos zu deuten. Man hätte dieser Gutmütigkeit auch andere Namen geben können, zum Beispiel den etwas faden der Seelenreinheit, oder den ernsten und schönen der Schamhaftigkeit, oder die herabsetzenden Namen der Wahrheitsunlust und Duckmäuserei, oder selbst den einer mystischen Scheu und Frömmigkeit, – von alledem war etwas in Hans Castorps Verhalten zu den Geräuschen nebenan, und physiognomisch drückte es sich aus in einer ehrbaren Verfinsterung seiner Miene, so, als dürfe und wolle er von dem, was er da hörte, nichts wissen: einem Ausdruck von Sittsamkeit, der nicht ganz originell war, den er aber bei bestimmten Gelegenheiten anzunehmen pflegte.

Mit dieser Miene also zog er sich von dem Balkon ins Zimmer zurück, um nicht länger Vorgänge zu belauschen, die ihm ernst, ja erschütternd erschienen, obgleich sie sich unter Gekicher kundtaten. Auch im Zimmer war das Treiben jenseits der Wand nur noch deutlicher zu hören. Es war eine Jagd um die Möbel herum, wie es schien, ein Stuhl polterte hin, man ergriff einander, es gab ein Klatschen und Küssen, und hierzu kam, daß es nun Walzerklänge waren, die verbraucht melodiösen Phrasen eines Gassenhauers, die von außen und ferner die unsichtbare Szene begleiteten. Hans Castorp stand, das Handtuch in Händen, und horchte wider besseren Willen. Und plötzlich errötete er unter seinem Puder, denn was er deutlich hatte kommen sehen, war gekommen und das Spiel nun ohne allen Zweifel ins Tierische übergegangen. Herrgott Donnerwetter! dachte er, indem er sich abwandte, um mit absichtlich geräuschvollen Bewegungen seine Toilette zu beenden. Nun es sind Eheleute, in Gottes Namen, soweit ist die Sache in Ordnung. Aber am hellen Morgen, das ist doch stark. Und mir ist *ganz, als hätten sie schon gestern abend keinen Frieden gehalten. Schließlich sind sie doch krank, da sie hier sind, oder wenigstens einer von ihnen, da wäre doch etwas Schonung am Platze. Aber das eigentlich Skandalöse ist selbstverständlich,* dachte er zornig, *daß die Wände so dünn sind und man alles so deutlich hört, das ist doch ein unhaltbarer Zustand! Billig gebaut natürlich, schändlich billig gebaut! Ob ich die Leute nachher zu sehen bekomme oder ihnen gar vorgestellt werde? Das wäre im höchsten Grade peinlich."*[74]

Hans Castorp ist peinlich berührt, gestört, verärgert, missmutig, zornig. Und er ist nicht nur zornig über das unpassende morgendliche Treiben im Nachbarzimmer, sondern auch über die Bauweise des Zimmers, die ihm die Wahrnehmung dieses Treibens aufzwingt, die *schändliche billige Bauweise*, die im Übrigen nicht für ein so teures Sanatorium mit seinen anspruchsvollen und wohlhabenden Gästen angemessen ist. Auch bestimmt der Ärger Aspekte seines weiteren Verhaltens, in erster Linie ist er bemüht, einen direkten persönlichen Kontakt mit seinen lebhaften Nachbarn zu vermeiden, wie er wenig später seinem Vetter Joachim Ziemßen mitteilt:

„'Aber mit dem russischen Ehepaar wünsche ich nicht bekannt zu werden, hörst Du? Das will ich ausdrücklich nicht. Es sind überaus unmanierliche Leute, und wenn ich schon drei Wochen lang neben ihnen wohnen soll und es nicht anders einzurichten war, so will ich sie doch nicht kennen, das ist mein gutes Recht, daß ich mir das mit aller Bestimmtheit verbitte ...'

'Schön', sagte Joachim. 'Haben sie dich denn so gestört? Ja es sind gewissermaßen Barbaren, unzivilisiert mit einem Wort, ich hab' es dir ja im voraus gesagt'."[75]

Und der Ärger dauert an, da sich weder am Verhalten der russischen Nachbarn noch selbstverständlich an der Hellhörigkeit der Zimmerwände etwas ändert:

„Als er aber hörte, wie die Nachbarn zur Rechten und Linken die abendliche Liegekur beendeten und ihre Zimmer aufsuchten, um die horizontale Lage draußen mit derjenigen drinnen zu vertauschen, gab er vor sich selbst der Überzeugung Ausdruck, daß das barbarische Ehepaar Frieden halten werde. Ich kann ruhig einschlafen, dachte er. Sie werden heute abend Frieden halten, das erwarte ich aufs bestimmteste! Aber sie taten es nicht, und Hans Castorp hatte es auch gar nicht aufrichtig gedacht, ja, die Wahrheit zu sagen, hätte er es persönlich und seinerseits nicht einmal verstanden, wenn sie Frieden gegeben hätten. Trotzdem erging er sich in tonlos hervorgestoßenen Ausrufen des heftigsten Erstaunens über das, was er hört. ,Unerhört!' rief er ohne Stimme. ,Das ist enorm! Wer hätte dergleichen für möglich gehalten?' ..."[76]

Natürlich handelt es sich hier um spezifische Geräusche, die bei Hans Castorp Erstaunen, Ärger und Wut auslösen sowie sein Ruhebedürfnis beeinträchtigen. Doch grundsätzlich kann jeder wahrnehmbare Lärm anderer Mitkunden zu einem massiven Verlust der wahrgenommenen Dienstleistungsqualität führen.

Dass es sogar möglich ist, dass Mitkunden das eigentlich angestrebte Ergebnis der Dienstleistung, in diesem Fall die Genesung bzw. die Besserung des Gesundheitszustandes, beeinflussen können, erscheint zweifelsfrei. In positiver Hinsicht wird bisweilen auf die förderliche Wirkung des so genannten ,Kurschattenphänomens' hingewiesen. Ein Beispiel für die vermutete negative Wirkung bietet das bizarre Verhalten des Mitkunden Albin. Eines Tages hantiert Herr

Albin in der Liegehalle zunächst mit einem Messer und anschließend mit einem Revolver und kündigt seine Selbstmordabsicht für den Fall einer aussichtslosen Krankensituation an. Die Vettern Hans und Joachim unterhalten sich über diesen Vorfall:

(Hans Castorp:) „'Hast du diesen Herrn Albin gehört?' fragte er, als sie die Treppen hinuntergingen …

‚Natürlich‘, sagte Joachim. ‚Der Mensch müßte diszipliniert werden. Stört da die ganze Mittagsruhe mit seinem Geschwätz und regt die Damen so auf, daß er sie um Wochen zurückbringt. Eine grobe Insubordination‘."[77]

In ihrer Gesamtheit zeigen diese Beispiele auf plastische Weise Folgen einer besonderen Spielart von Kundenintegration bei kollektiven Dienstleistungen, also Leistungen, die in Anwesenheit mehrerer Kunden erbracht werden. Hier beeinflusst ein Dienstleistungskunde nicht nur Prozess- und Ergebnisqualität der ihm selbst gelieferten Dienstleistung, sondern auch die anderer Kunden und damit auch deren Zufriedenheit und künftige Loyalität. Insofern bedarf es im Dienstleistungsmanagement auch einer besonderen Form des Kundenmanagements, das die potenziellen Wirkungen von Kunden auf Kunden erkennt und systematisch Maßnahmen ergreift, um positive Wirkungen zu ermöglichen und zu stärken sowie insbesondere negative Effekte zu vermeiden bzw. abzuschwächen. Ein solches Konzept stellt das *Kompatibilitätsmanagement* dar.

Lektion 21

Kompatibilitätsmanagement[78]

Das Kompatibilitätsmanagement (‚compatibility management') ist ein Konzept, das darauf abzielt, eine kompatible Kundschaft zu erreichen, also Kunden, die zueinander passen und sich verträglich verhalten. Wie komplex diese Aufgabe ist, machen Martin und Pranter deutlich, die aufgrund ihrer Studie in verschiedenen Dienstleistungsbranchen zu dem Schluss kommen, dass Manager und Mitarbeiter hierfür jeweils fünf verschiedene Rollen übernehmen müssen.

Auf *Managementebene* gilt es, als
(1) *Scharfschütze* das Angebot zielorientiert auf ein möglichst homogenes Segment von Kunden auszurichten, die in Bezug auf verhaltensrelevante Charakteristika und Erwartungen ein hohes Maß an Übereinstimmung aufweisen.

(2) Als *Umfeldingenieur* müssen Manager schon bei der Gestaltung des physischen Umfeldes dafür sorgen, dass kompatibles Kundenverhalten gefördert wird, sei es eher indirekt durch die Schaffung einer spezifischen Atmosphäre, sei es direkt durch verhaltensleitende Arrangements und Informationen.

(3) In der Rolle des *Gesetzgebers* sind Regeln und Prinzipien für kompatibles Verhalten zu definieren, wie Kleidungsvorschriften für Restaurants oder die Aufstellung von Rauchverbotszeichen im Gebäude. All diese Managementmaßnahmen müssen auf aussagefähigen und detaillierten Informationen über potenziell inkom-

patibles Verhalten in verschiedenen Konsumsituationen basieren.

(4) Deshalb ist es Aufgabe des *Detektivs*, entsprechende Informationen zu sammeln und diese für die Entscheidungsfindung, aber auch zur Unterrichtung der Mitarbeiter im Kundenkontakt bereitzustellen.

(5) Zudem muss der Kompatibilitätsmanager als *Regisseur* in Zusammenarbeit mit dem *Detektiv* den typischen Kundenprozess während der Dienstleistungserstellung analysieren, die potenziell kritischen Punkte von Kunden-Kunden-Kontakten identifizieren, dementsprechend die Mitarbeiterrollen angemessen besetzen sowie die Koordination und Kontrolle des Gesamtkonzepts vornehmen.

Die *Mitarbeiter im Kundenkontakt* müssen im Rahmen des Kompatibilitätsmanagements in der Lage sein, folgende Rollen zu spielen:

(1) Als eine Art *Partnervermittler* haben sie die anwesenden Kunden – soweit möglich – feiner zu segmentieren und so zu kombinieren, dass bedürfnisgerechte Gruppen entstehen und Kunden mit konfligierenden Interessen und Verhaltensweisen (z.B. Raucher und Nichtraucher, Gäste mit bzw. ohne Haustiere) möglichst getrennt werden.

(2) Mitarbeiter müssen auch *Lehrer* sein und den Kunden Kenntnisse vermitteln über die Normen und Regeln kompatiblen Verhaltens sowie über den genauen Ablauf der Dienstleistungsprozesse, um auf diese Weise Konflikte zu vermeiden und eine korrekte und effiziente Leistungserstellung zu ermöglichen.

(3) Wenn Kunden allerdings klare Verhaltensregeln übertreten und damit andere Kunden belästigen, ist es auch notwendig, dass Mitarbeiter als *Polizisten* für die Einhaltung der Vorschriften sorgen und gegebenenfalls sogar uneinsichtige Störer zum Verlassen des Hauses bewegen. Neben der negativen Sanktionierung inkompatiblen Verhaltens besteht auch die Möglichkeit der positiven Sanktionierung kompatiblen Verhaltens.
(4) In diesem Sinne tritt der Mitarbeiter als *Weihnachtsmann* auf, der Kunden für ihr vorbildliches Verhalten lobt und diese darin bestärkt.
(5) In bestimmten kollektiven Dienstleistungssituationen kann den Mitarbeitern zusätzlich die Rolle eines *Cheerleaders* zufallen, der für gute Laune und ein Gemeinschaftsgefühl sorgt und damit bei den Kunden auch die Bereitschaft fördert, die Gruppenstandards einzuhalten.

Betrachtet man nun die erwähnten Vorkommnisse im Berghof unter der Perspektive des Kompatibilitätsmanagements und der aufgelisteten Rollen, dann lassen sich klare Bezüge herstellen. Die Zusammensetzung der Gäste an den Tischen im Speisesaal des Berghofs ist das Ergebnis der Arbeit eines ‚Partnerermittlers', der beispielsweise eine klare Segmentierung in Form eines ‚guten' und eines ‚schlechten' Russentisches vornimmt. Madame Chauchats Türeschmettern hätte durch ein Gebot des ‚Gesetzgebers' zum leisen Schließen der Tür und gegebenenfalls durch Sanktionen des ‚Lehrers' beendet werden und möglicherweise auch durch technische Vorkehrungen des ‚Umweltingenieurs' in seiner Lautstärke erheblich reduziert werden können. Die Lärmbelästigung durch das ‚barbarische' russische Ehepaar hätte primär durch die frühzeitige Einbeziehung des ‚Umfeldingenieurs' und eine entsprechend bessere Lärmdämmung vermieden werden können. Auch hätte das Paar von ‚Lehrer'-Mitarbeitern diskret um ein rücksichtsvolleres Gebaren gebeten werden können. Dies setzte aber voraus, dass es dem ‚Detektiv' gelungen wäre, Informationen über die Störquelle zu erhalten, was nicht selbstverständlich ist, weil Vorfälle dieser Art meist nicht in Beschwerden artikuliert werden. Hans Castorp jedenfalls hat schweigend gelitten. Im Fall von Herrn Albin ließe sich zumindest das Hantieren mit Waffen durch entsprechende Erlasse des ‚Gesetzgebers', deren entsprechende Kommunikation durch ‚Lehrer' sowie deren konsequente Durchsetzung mit Hilfe des ‚Polizisten' unterbinden. Joachim Ziemßens Überzeugung, dass Herr Albin diszipliniert werden müsste, entspricht dem Wunsch nach einem solchen ‚polizeilichen' Eingreifen.

Wenn es dem Dienstleister nicht gelingt, mit Hilfe des Kompatibilitätsmanagements eine homogene Kundschaft zu erreichen, sieht sich das bedienende Personal konfligierenden Erwartungen von Kunden ausgesetzt. Diese Situation verschärft sich noch, wenn nicht nur unterschiedliche Kunden(gruppen) verschiedene Anforderungen stellen, sondern auch das Management widersprüchliche Botschaften aussendet. In all diesen Fällen sehen sich Mitarbeiter besonders belastenden *Rollenkonflikten* ausgesetzt.

Lektion 22

Rollenkonflikte[79]

Mitarbeiter erleben einen Rollenkonflikt, wenn sie widersprüchlichen Erwartungen ausgesetzt sind, die sie nicht gleichzeitig erfüllen können. Vor allem folgende Arten von Rollenkonflikten treten häufig auf:

(1) *Inter-Sender-Konflikt:* Diese Variante entsteht, wenn Mitarbeiter unvereinbaren Erwartungen von mindestens zwei verschiedenen Rollensendern ausgesetzt sind. Das ist zum einen der Fall, wenn die Rollenerwartungen der Kunden von denen des Managements abweichen (‚two bosses dilemma'). Zum anderen kommt es zu diesem Konflikt, wenn Mitglieder einer Bezugsgruppe (Kunden oder Manager) widerstrebende Anforderungen haben. Dies liegt etwa vor, wenn zwei Vorgesetzte Abweichendes verlangen oder zwei Kunden gleichzeitig konträre Wünsche artikulieren und jeweils vom Mitarbeiter fordern, den Streit zu ihren Gunsten zu entscheiden.

(2) *Intra-Sender-Konflikt:* Hier befindet sich der Mitarbeiter in einem Konflikt, weil ein und derselbe Rollensender widersprüchliche Erwartungen artikuliert; das ist beispielsweise gegeben, wenn Bankmanager von ihren Mitarbeitern einerseits eine objektive umfassende Kundenberatung verlangen, andererseits aber die Mitarbeiterbeurteilung von der Erfüllung kurzfristiger Abschlussziele abhängig machen.

(3) *Person-Rolle-Konflikt:* Dieser Konflikt entsteht, wenn das verlangte Rollenverhalten mit der Persönlichkeit, den Wertorientierungen und dem Selbstbild des Mitarbeiters kollidiert.

> Rollenkonflikte stellen für Mitarbeiter ernsthafte Stressfaktoren dar, die sich negativ auf ihr Wohlbefinden und Arbeitserhalten auswirken und zum Burn-out führen können.

Dass solche Konflikte auf allen Hierarchieebenen auftreten können, zeigt ein Beispiel aus dem Zauberberg. Hier beschwert sich der Fabrikdirektor Schmitz beim Klinikleiter Hofrat Behrens über einen anderen Patienten, Herrn Rosenheim aus Utrecht, der auf der Promenade ausgespuckt habe. Behrens will aber nicht eingreifen: *"Und ich soll ihn rüffeln. Aber wenn ich ihn rüffle, so kriegt er Zustände, denn er ist maßlos irritabel und hat mit Familie drei Zimmer belegt. Ich kann ihn nicht rausgraulen, ich kriege es mit der Generaldirektion zu tun. Da sehen Sie, in was für Konflikte man jeden Augenblick gerät."*[80] Um gerade nicht *in jedem Augenblick* in solche Konflikte zu geraten bzw. um die Rollenkonflikte zu reduzieren, bedarf es also nicht nur eines Kompatibilitätsmanagements, sondern auch eindeutiger Führungs- und Entscheidungsregeln, die managementbezogene Rollenkonflikte ausschließen und den Mitarbeitern eine klare Orientierung für ihr Verhalten in Konfliktsituationen mit Kunden geben.

ZEIT ALS DIMENSION DER WAHRGENOMMENEN SERVICEQUALITÄT AUF DEM ZAUBERBERG

Ein weiteres, den ganzen Zauberberg-Roman durchziehendes Thema ist das Phänomen der Zeit. Es ist wiederholt Gegenstand von Hans Castorps Überlegungen und seinen Gesprächen mit Joachim. Es wird in theoretischen Exkursen mehrfach reflektiert und nicht zuletzt spiegelt es sich wider in dem Aufbau des Werkes, in dem das siebenjährige Geschehen mit zunehmender Beschleunigung erzählt wird.[81] Kein Wunder, dass Thomas Mann selbst von einem *„Zeitroman"*[82] spricht. Inhaltlich von Dienstleistungsrelevanz sind primär die Erkenntnisse zum Zeitgefühl, also zum subjektiven Charakter des Zeitempfindens. Aber vor allem ist der Roman auch geeignet, die grundlegende Einsicht zu vermitteln, dass Dienstleistungen im Kern *Zeitverwendungsangebote* darstellen.

Lektion 23

Dienstleistungen als Zeitverwendungsangebote[83]

Zeit ist nicht nur eines von mehreren Qualitätsmerkmalen, sie ist häufig der zentrale Inhalt der strategischen Leistungskonzeption: Dienstleistungen sind im Kern kundenorientierte *Zeitverwendungsangebote*.

Sie können *Zeitsparangebote* darstellen, indem sie es den Kunden erlauben, Zeitausgaben zu vermeiden, und ihnen eine anderweitige Zeitverwendung ermöglichen, die ihren Interessen mehr entspricht. Sie richten sich damit an Kunden, welche die monetären Ausgaben für die empfangenen Dienste niedriger bewerten als den Nutzen der eingesparten Zeit (z.B. Express-Reinigungen, Fast-Food-Restaurants).

Dienstleistungen können aber auch *Zeitinvestitionsangebote* sein. In diesem Fall liegt das Charakteristische des Zeitangebots in der Attraktivität ihrer Verwendung: Konzerte, Theateraufführungen oder Sportveranstaltungen werden nachgefragt, weil die mit ihrer Nutzung verbrachte Zeit primär nicht als Kosten, sondern als nutzenstiftende Investition empfunden wird.

Bei einer Vielzahl von Dienstleistungen steht der Charakter des Zeitangebots allerdings nicht von vornherein fest, sondern ist – in einer bestimmten Bandbreite – gestaltbar. So lassen sich die Leistungen eines Friseurs sowohl als Zeitsparangebote für Eilige oder als Zeitinvestitionsangebote mit Belohnungscharakter konzipieren.

Wenn Patienten aufgrund ärztlicher Verordnung in eine Klinik oder ein Sanatorium eingewiesen werden, fällt damit auch eine sehr massive Entscheidung über die Zeitverwendung des Kranken. Allerdings trifft die kategorisierende Kennzeichnung als Zeitspar- oder Zeitinvestitionsangebot auf diesen Sonderfall dann nicht zu, wenn der Kunde keine Wahl zwischen Angebotsalternativen hat und die zeitliche Aufenthaltsdauer vom Arzt bestimmt wird. Hans Castorp allerdings bleibt im Haus Berghof auch ohne medizinische Notwendigkeit, weil er aus dem Aufenthalt mehr und mehr Nutzen zieht, der den Gesundheitsaspekt übersteigt, so dass ihm der dortige Verbleib als wesentlich attraktiver erscheint als die Alternative eines Arbeitsalltags ‚in der Tiefebene'.

Während dieses Aufenthalts im Sanatorium erlebt Hans Castorp – wie andere Gäste auch – eine dramatische Veränderung seines Zeitgefühls. Als Hans von seinem Vetter zu Beginn seines Besuchs vom Bahnhof Davos-Dorf abgeholt wird und ihm Joachim mitteilt, dass er selber auf Anraten des Arztes sicherlich noch ein halbes Jahr im Sanatorium verbringen müsse, reagiert Hans geradezu empört:

"'Ein halbes Jahr? Bist du toll?' rief Hans Castorp ... ‚Ein halbes Jahr? Du bist ja schon fast ein halbes Jahr hier! Man hat doch nicht so viel Zeit –!'

‚Ja, Zeit', sagte Joachim und nickte mehrmals geradeaus, ohne sich um des Vetters ehrliche Entrüstung zu kümmern. ‚Die springen hier um mit der menschlichen Zeit, das glaubst du gar nicht. Drei Wochen sind wie ein Tag vor ihnen. Du wirst schon sehen. Du wirst das alles schon lernen', sagte er und setzte hinzu: ‚Man verändert hier seine Begriffe'."[84]

Auch in den nächsten Tagen kommt es zu ähnlichen Wortwechseln, die den Unterschied zwischen dem Neuankömmling und dem Langzeitbewohner des Berghofs deutlich machen, wie diese Replik von Hans Castorp auf Joachims zeitbezogene Wortwahl zeigt:

(Joachim:) *„'Aber neulich, es ist nun, warte mal, möglicherweise acht Wochen her –' ‚Dann kannst du nicht neulich sagen' bemerkte Hans Castorp trocken und wachsam."*[85]

Aber nur wenig später, noch innerhalb des zunächst geplanten Dreiwochenaufenthalts, beginnt sich Castorps Zeitwahrnehmung zu verändern, die Zeit scheint geradezu im Flug zu vergehen:

„Langeweile war es nicht, was ihn plagte; im Gegenteil begann er zu fürchten, das Ende seines Aufenthalts möchte allzu beschwingt erscheinen. Die zweite Woche schritt vor, zwei Drittel seiner Zeit würden bald abgelegt sein, und brach erst das dritte an, so dachte man schon an den Koffer. Die erste Auffrischung von Hans Castorps Zeitsinn war längst vorbei; schon begannen die Tage dahinzufliegen, und das taten sie, obgleich jeder einzelne von ihnen sich in immer erneuter Erwartung dehnte und von stillen, verschwiegenen Erlebnis-

sen schwoll… Ja, die Zeit ist ein rätselhaftes Ding, es hat eine schwer klarzustellende Bewandtnis mit ihr!"[86]

Gegen Ende dieser drei Wochen stellt er sich dann die Frage, wie es möglich ist, dass der doch zunächst als lang eingeschätzte Zeitraum von einundzwanzig Tagen so schnell hat vergehen können:

„Ja, großer Gott, wo war diese Ferienzeit geblieben! Verronnen, verflogen, enteilt, – man wußte wahrhaftig nicht recht zu sagen, wie. Es waren doch schließlich einundzwanzig Tage gewesen, die sie hatten miteinander verleben sollen, eine lange Reihe, nicht leicht zu übersehen am Anfang. Und nun waren auf einmal nur noch drei, vier geringfügige Tage davon übrig, ein wenig beträchtlicher Restbestand, etwas beschwert allerdings durch die beiden periodischen Abwandlungen des Normaltages, aber schon erfüllt von Pack- und Abschiedsgedanken."[87]

Doch dies ist ja erst der Anfang. Als sich Hans Castorp nach Ablauf der dreiwöchigen Besuchszeit entscheidet, seinen Aufenthalt zu verlängern, und diese Entscheidung in der Folge immer wieder fällt, kommt es zu einer immer stärkeren Verkürzung der Zeitwahrnehmung und letztlich zu einem Verlust des Gefühls für und des Wissens um die vergangene Zeit. Schließlich vermag er beispielsweise nicht mehr zu sagen, vor wie vielen Wochen, Monaten oder Jahren Joachim gestorben, Madame Chauchat abgereist ist oder wie lange er selbst nun schon auf dem Berghof lebt. Selbst über sein derzeitiges Alter muss er nachdenken.

„Das mag abenteuerlich klingen, ist aber so weit entfernt, unerhört oder unwahrscheinlich zu sein, daß es vielmehr unter bestimmten Bedingungen jederzeit jedem von uns begegnen kann: nichts würde uns, solche Bedingungen vorausgesetzt,

vor dem Versinken in tiefste Unwissenheit über den Zeitverlauf und also über unser Alter bewahren. Die Erscheinung ist möglich kraft des Fehlens jedes Zeitorgans in unserem Innern, kraft also unserer absoluten Unfähigkeit, den Ablauf der Zeit von uns aus und ohne äußeren Anhalt auch nur mit annähernder Zuverlässigkeit zu bestimmen. Bergleute, verschüttet, abgeschnitten von jeder Beobachtung des Wechsels von Tag und Nacht, veranschlagten bei ihrer glücklichen Errettung die Zeit, die sie im Dunkeln, zwischen Hoffnung und Verzweiflung zugebracht hatten, auf drei Tage. Es waren deren zehn gewesen. Man sollte meinen, daß in ihrer höchst beklommenen Lage die Zeit ihnen hätte lang werden müssen. Sie war ihnen auf weniger als ein Drittel ihres objektiven Umfanges zusammengeschrumpft. Es erscheint demnach, daß unter verwirrenden Bedingungen die menschliche Hilflosigkeit eher geneigt ist, die Zeit in starker Verkürzung zu erleben, als sie zu überschätzen.“[88]

So kommt es auch bei Hans Castorp zu einer Verkürzung der wahrgenommenen Zeitdauer und zu einem Verlust an konkreter Vorstellung über die gemessene Zeit, zugleich aber nimmt er diesen Prozess selbst sehr aufmerksam wahr, sieht abweichende Situationen der Zeitwahrnehmung und macht sich Gedanken über die dafür verantwortlichen Faktoren. Das zeigt sich schon in der ersten Phase seines verlängerten Aufenthalts, nämlich als es für ihn zum ersten Mal auf dem Berghof und gleichsam ‚plötzlich' Weihnachten wird:

„Der Heilige Abend also näherte sich, stand eines Tages vor der Tür und hatte am nächsten Tage Gegenwart gewonnen ... Es waren noch reichlich sechs Wochen bis zu ihm gewesen, damals, als Hans Castorp sich gewundert hatte, daß man

hier schon von Weihnachten sprach: soviel Zeit also noch, rechnerisch genommen, wie die ganze Dauer seines Aufenthalts nach ihrer ursprünglichen Veranschlagung, zusammen mit der Dauer seiner Bettlägerigkeit betragen hatte. Trotzdem war das damals eine große Menge Zeit gewesen, namentlich die erste Hälfte, wie es Hans Castorp nachträglich erschien, – während die rechnerisch gleiche Menge jetzt sehr wenig bedeutete, beinahe nichts: die im Speisesaal, so fand er nun, hatten recht gehabt, sie so geringzuachten. Sechs Wochen, nicht einmal so viele also, wie die Woche Tage hatte: was war auch das in Anbetracht der weiteren Frage, was denn so eine Woche, so ein kleiner Rundlauf vom Montag zum Sonntag und wieder Montag war. Man brauchte nur immer nach Wert und Bedeutung der nächstkleineren Einheit zu fragen, um zu verstehen, daß bei der Summierung nicht viel herauskommen konnte, deren Wirkung überdies und zugleich ja auch eine sehr starke Verkürzung, Verwischung, Schrumpfung und Zernichtung war. Was war ein Tag, gerechnet etwa von dem Augenblick an, wo man sich zum Mittagessen setzte, bis zu dem Wiedereintritt dieses Augenblicks in vierundzwanzig Stunden? Nichts, – obgleich es doch vierundzwanzig Stunden waren. Was war denn aber auch eine Stunde, verbracht etwa in der Liegekur, auf einem Spaziergang oder beim Essen, – womit die Möglichkeiten, diese Einheiten zu verbringen, so gut wie erschöpft waren? Wiederum nichts. Aber die Summierung des Nichts war wenig ernst ihrer Natur nach. Am ernstesten wurde die Sache wenn man ins Kleinste stieg: jene sieben mal sechzig Sekunden, während derer man das Thermometer zwischen den Lippen hielt, um die Kurve fortführen zu können, waren überaus zählebig und gewichtig; sie weiteten sich zu einer kleinen Ewigkeit, bildeten Einlagerungen von höchster Solidität in dem schattenhaften Huschen der großen Zeit..."[89]

Damit ist eine ganz andere Zeitwahrnehmung angesprochen, nicht die Verkürzung, sondern die Ausdehnung der Zeit, die sich bei der konzentrierten Beachtung der vorgegebenen siebenminütigen Fiebermessdauer einstellt:

„Ja, ich muß nun sehn, ob ich Schnupfenfieber habe', sagte er und führte rasch das Thermometer in den Mund, die Quecksilberspitze unter die Zunge, so daß das Instrument ihm schräg aufwärts zwischen den Lippen hervorragte, die er fest darum schloß, um keine Außenluft zuzulassen. Dann sah er nach seiner Armbanduhr: es war sechs Minuten nach halb zehn. Und er begann, auf den Ablauf von sieben Minuten zu warten

... Die Zeit schlich, die Frist schien endlos. Erst zweieinhalbe Minute waren verstrichen, als er nach den Zeigern sah, schon besorgt, er könnte den Augenblick verpassen. Er tat tausend Dinge, nahm Gegenstände auf und setzte sie nieder, trat auf den Balkon hinaus, ohne sich seinem Vetter bemerkbar zu machen, überblickte die Landschaft, dies Hochtal, seinem Sinn schon urvertraut in allen Gestaltungen: mit seinen Hörnern, Kammlinien und Wänden, mit der links vorgelagerten Kulisse des Brämenbühl, dessen Rücken schräg gegen den Ort hin abfiel und dessen Flanke der rauhe Mattenwald bedeckte, mit den Bergformationen zur Rechten, deren Namen ihm ebenfalls geläufig geworden waren, und der Alteinwand, die das Tal, von hier aus gesehen im Süden zu schließen schien, – sah hinab auf die Wege und Beete der Gartenplattform, die Felsengrotte, die Edeltanne, lauschte auf ein Flüstern, das aus der Liegehalle drang, wo Kur gemacht wurde, und wandte sich ins Zimmer zurück, wobei er die Lage des

Instrumentes im Munde zu verbessern suchte, um dann wieder durch Vorrecken des Armes den Ärmel vom Handgelenk zu ziehen und den Unterarm vor das Gesicht zu biegen. Mit Mühe und Anstrengung, unter Schieben, Stoßen und Fußtritten gleichsam, waren sechs Minuten vertrieben..."[90]

Mit diesen Wahrnehmungen der extremen Verkürzung und Ausdehnung des Zeitempfindens macht Hans Castorp die naheliegend erscheinende, aber vom Dienstleistungsmanagement oft vernachlässigte Feststellung, dass Zeit keine objektive Größe ist, sondern subjektiv wahrgenommen wird. In der Regel wird unter Managementaspekten nur die objektiv gemessene Zeit etwa einer Behandlung, einer Reparatur oder einer Beratung für relevant gehalten und zur Grundlage für Maßnahmen der Effizienz-, Produktivitäts- oder Qualitätseinschätzung genommen. Doch bei Dienstleistungen, an deren Erstellung der Kunde beteiligt ist, setzt nicht nur der Dienstleister Zeit ein, sondern auch der Kunde. Und für den Kunden und seinen Qualitätseindruck ist die subjektiv wahrgenommene Zeit entscheidend, die zudem erheblich von der objektiv gemessenen Dauer abweichen bzw. sich einer objektiven Messung entziehen kann; ein Aspekt, den Hans Castorp gegenüber seinem Vetter Joachim, der nur den objektiven Zeitverlauf kennt und akzeptiert, nachdrücklich betont:

(Joachim:) *„Eine Minute ist so lang... sie dauert so lange, wie der Sekundenzeiger braucht, um seinen Kreis zu beschreiben.'*

(Hans:) *„Aber er braucht ja ganz verschieden lange – für unser Gefühl!"*[91]

und er führt diesen Gedanken weiter aus:

> *„'Was ist denn die Zeit?' fragte Hans Castorp und bog seine Nasenspitze so gewaltsam zur Seite, daß sie weiß und blutleer wurde. ‚Willst du mir das mal sagen? Den Raum nehmen wir doch mit unseren Organen wahr, mit dem Gesichtssinn und dem Tastsinn. Schön. Aber welches ist denn unser Zeitorgan? Willst du mir das mal eben angeben? Siehst du, da sitzt du fest. Aber wie wollen wir denn etwas messen, wovon wir genaugenommen rein gar nichts, nicht eine einzige Eigenschaft auszusagen wissen! Wir sagen: die Zeit läuft ab. Schön, soll sie also mal ablaufen. Aber um sie messen zu können… warte! Um meßbar zu sein, müßte sie doch gleichmäßig ablaufen, und wo steht denn das geschrieben, daß sie das tut? Für unser Bewußtsein tut sie es nicht, wir nehmen es nur der Ordnung halber an, daß sie es tut, und unsere Maße sind doch bloß Konvention, erlaube mir mal…'"* [92]

Eine wunderbare und wichtige Einschätzung, die auch immer wieder bestätigt wird: Man kann zwar die Zeit objektiv messen, aber nicht die vom Kunden wahrgenommene Zeit, und es ist diese, die seine Stimmung, seine Zufriedenheit, sein Verhalten prägt. Insofern kommt es auch für die Qualitätsbeurteilung der Kunden in erster Linie nicht auf das objektiv messbare Zeitintervall an, sondern auf die subjektiv wahrgenommene Zeit. Dabei ist aus Dienstleisterperspektive beachtlich, dass Kunden nicht nur Zeit während des Erstellungsprozesses aufbringen und wahrnehmen, sondern auch davor und danach, dass sie also verschiedene *Zeitausgaben* tätigen.

Lektion 24

Zeitausgaben und Zeitkonzepte der Dienstleistungskunden[93]

Da Dienstleistungen Zeitverwendungsangebote darstellen, ist es für Dienstleister wichtig, die mit der Leistung für den Kunden verbundenen zeitlichen Kosten und Nutzen zu erkennen. Dabei ist zu berücksichtigen, dass Kunden ein Bündel verschiedener Zeitformen aufzubringen haben:

(1) *Transferzeiten*, die erforderlich sind, um den Ort der Dienstleistung aufzusuchen (Fahrten zum Dienstleister und zurück, Suche nach einem Parkplatz, Wege innerhalb des Gebäudes, in dem die Dienstleistung erbracht wird),

(2) *Abwicklungszeiten* zur Vorbereitung der Dienstleistung (Terminabsprache, Ausfüllen von Formularen, Übergabe und Übernahme von Objekten, Buchungen oder Check-outs),

(3) *Transaktionszeiten* im Sinne der Dauer der eigentlichen Dienstleistung (ärztliche Behandlung, Konzert),

(4) *Wartezeiten*, in denen weder eine Abwicklung noch eine Transaktion stattfindet, der Kunde aber dem Dienstleister zur Verfügung stehen muss, ohne dass diese Zeiten anderweitig nutzbar sind.

Für ein kundenorientiertes Zeitmanagement sind diese Zeiten differenziert zu erfassen, und zwar – wenn möglich – in dreifacher Weise: in objektiven Zeiteinheiten, in Kundenschätzungen über den Zeitaufwand und in Wahrnehmungsurteilen der Kunden.

Der Zauberberg

Grundsätzlich ist davon auszugehen, dass bei Kunden in Bezug auf alle Zeitformen, die nicht der Transaktion dienen, das so genannte lineare Zeitverständnis dominiert. In dieser Perspektive erscheint Zeit wie eine Strecke, die in Einheiten zerlegt, bewirtschaftet und wie Geld gespart, ausgegeben oder verschwendet werden kann. Da hier Zeitverbrauch dem Geldverbrauch gleichkommt, erscheinen die für den Transport, die Erledigung von Formalitäten oder das Warten aufgewendeten Transfer-, Abwicklungs- und Wartezeiten grundsätzlich als Kosten, die es möglichst zu reduzieren gilt.
Bezüglich der Transaktionszeit kommt das lineare Zeitverständnis auch zum Tragen, sofern es sich um Zeitsparangebote handelt. Bei Zeitinvestitionsangeboten, in denen der Nutzen der Zeitverwendung im Vordergrund steht, herrscht in der Regel das sogenannte prozedurale Zeitverständnis vor. Hier kommt es dem Kunden nicht primär auf die Zeitdauer, sondern auf die richtige Durchführung des Prozesses an. Für den Besucher einer Opernaufführung ist beispielsweise nicht die Minimierung der Transaktionszeit wünschenswert (eher im Gegenteil), sondern dass die Vorstellung in optimaler Qualität der künstlerischen Logik folgt.
Insofern müssen die Anstrengungen des Dienstleistungsmanagements darauf gerichtet sein, Nicht-Transaktionszeiten für den Kunden zu minimieren und die Transaktionszeit im Hinblick auf das Zeitkonzept des Kunden zu optimieren. Darüber hinaus können Instrumente eingesetzt werden, um die subjektive Zeitwahrnehmung zu beeinflussen.

Für die aktive Einflussnahme auf das subjektive Zeitempfinden von Kunden bedarf es der Kenntnisse über wesentliche Determinanten der Zeitwahrnehmung. In Reflexion seines langen Sanatoriumsaufenthalts gibt uns Hans Castorp hierfür wesentliche Anhaltspunkte:

„Für jetzt genügt es, daß jedermann sich erinnert, wie rasch eine Reihe, ja eine ‚lange' Reihe von Tagen vergeht, die man als Kranker im Bett verbringt: es ist immer derselbe Tag, der sich wiederholt; aber da es immer derselbe ist, so ist es im Grunde wenig korrekt, von ‚Wiederholung' zu sprechen; es sollte von Einerleiheit, von einem stehenden Jetzt oder von der Ewigkeit die Rede sein. Man bringt dir die Mittagssuppe, wie man sie dir gestern brachte und sie dir morgen bringen wird. Und in demselben Augenblick weht es dich an – du weißt nicht, wie und woher; dir schwindelt, indes du die Suppe kommen siehst, die Zeitformen verschwimmen dir, rinnen ineinander, und was sich als wahre Form des Seins dir enthüllt, ist eine ausdehnungslose Gegenwart, in welcher man dir ewig die Suppe bringt."[94]

Erkannt werden hier Merkmale der erlebten Aktivitäten. Danach sind es die Regelmäßigkeit und die Gleichartigkeit der alltäglichen Vorkommnisse, die in längeren objektiven Zeiträumen zu einer wahrgenommenen Zeitverkürzung führen.

Eng verbunden mit den Kriterien der Regelmäßigkeit und Gewohnheit ist auch der Grad an Neuartigkeit der Aktivität, das Ausmaß des Interesses, das sie auszulösen vermag:

„Leere und Monotonie mögen zwar den Augenblick und die Stunde dehnen und ‚langweilig' machen, aber die großen und größten Zeitmassen verkürzen und verflüchtigen sie sogar bis zur Nichtigkeit. Umgekehrt ist ein reicher und interessan-

ter Gehalt wohl imstande, die Stunde und selbst noch den Tag zu verkürzen und zu beschwingen, ins Große gerechnet jedoch verleiht er dem Zeitgange Breite, Gewicht und Solidität, so daß ereignisreiche Jahre viel langsamer vergehen als jene armen, leeren, leichten, die der Wind vor sich her bläst, und die verfliegen. Was man Langeweile nennt, ist also eigentlich vielmehr eine krankhafte Kurzweiligkeit der Zeit infolge von Monotonie: große Zeiträume schrumpfen bei ununterbrochener Gleichförmigkeit auf eine das Herz zu Tode erschreckende Weise zusammen; wenn ein Tag wie alle ist, so sind sie alle wie einer; und bei vollkommener Einförmigkeit würde das längste Leben als ganz kurz erlebt werden und unversehens verflogen sein. Gewöhnung ist ein Einschlafen oder doch ein Mattwerden des Zeitsinns, und wenn die Jugendjahre langsam erlebt werden, das spätere Leben aber immer hurtiger abläuft und hineilt, so muss auch das auf Gewöhnung beruhen. Wir wissen wohl, daß die Einschaltung von Um- und Neugewöhnungen das einzige Mittel ist, unser Leben zu halten, unseren Zeitsinn aufzufrischen, eine Verjüngung, Verstärkung, Verlangsamung unseres Zeiterlebnisses und damit die Erneuerung unseres Lebensgefühls überhaupt zu erzielen. Dies ist der Zweck des Orts- und Luftwechsels, der Badereise, die Erholsamkeit der Abwechslung und der Episode. Die ersten Tage an einem neuen Aufenthalt haben jugendlichen, das heißt starken und breiten Gang, – es sind etwa sechs bis acht. Dann, in dem Maße, wie man ‚sich einlebt', macht sich allmähliche Verkürzung bemerkbar: wer am Leben hängt oder, besser gesagt, sich ans Leben hängen möchte, mag mit Grauen gewahren, wie die Tage wieder leicht zu werden und zu huschen beginnen; und die letzte Woche, etwa von vieren, hat unheimliche Rapidität und Flüchtigkeit. Freilich wirkt die Erfrischung des Zeit-

sinns dann über die Einschaltung hinaus, macht sich, wenn man zur Regel zurückgekehrt ist, aufs neue geltend: die ersten Tage zu Hause werden ebenfalls, nach der Abwechslung, wieder neu, breit und jugendlich erlebt, aber nur einige wenige: denn in der Regel lebt man sich rascher wieder ein als in ihre Aufhebung, und wenn der Zeitsinn durch Alter schon müde ist oder – ein Zeichen von ursprünglicher Lebensschwäche – nie stark entwickelt war, so schläft er sehr rasch wieder ein, und schon nach vierundzwanzig Stunden ist es, als sei man nie weg gewesen und als sei die Reise der Traum einer Nacht."[95]

In diesen Ausführungen steckt nicht nur sehr viel Lebensweisheit, sondern auch ein hohes Maß an konkreten Hinweisen für das Dienstleistungsmanagement, insbesondere natürlich für Anbieter mehrwöchiger Ferienreisen.

Nach Hans Castorps Erfahrung sind die ersten Tage in der Regel ausgefüllt mit einer Vielzahl von Aktivitäten und Eindrücken und werden als lang erlebt („Sind wir tatsächlich erst zwei Tage hier?"). Doch mit dem Einleben beginnt die Verkürzung („Sind wirklich schon zwei Wochen vergangen?") und gegen Ende der Zeit rast die Zeit mit zunehmender Geschwindigkeit („Sind die Ferien tatsächlich schon fast um?"). Nach der kurzzeitig als Abwechslung erlebten Rückkehr verflüchtigt sich zudem die erinnerte Reise zu einem zeitlosen Traum. Für touristische Dienstleister erscheint es in hohem Maße von Interesse festzustellen, ob und in welcher Form ein solcher Phasenverlauf der Zeitwahrnehmung im Hotelaufenthalt bei ihren Kundensegmenten festzustellen ist. Aufgrund entsprechender Kenntnisse ließen sich Art, Umfang und zeitliche Platzierung von Aktivitäts- und Unterhaltungsangeboten gestalten sowie Einfluss auf die Zeitwahrnehmung nehmen. So lässt sich beispielsweise durch die phasenspezifische Erhöhung oder Verminderung von Abwechslungen die subjektive Zeitwahrnehmung gezielt verändern. Zudem kann beispielsweise gerade in der zweiten Hälfte des Urlaubs verstärkt auf touristische Attraktionen hingewiesen werden, um bei den Reisenden das Gefühl zu wecken, dass sie jetzt aktiv werden müssen, um angesichts der flüchtigen Zeit die wenigen noch möglichen Chancen nicht zu verpassen.

Weit genereller sind die Erkenntnisse, die sich aus dem Zauberberg-Text für die Kundenwahrnehmung von Wartezeiten und für Möglichkeiten zur Beeinflussung dieser Wahrnehmung gewinnen lassen. Einen ersten Hinweis gibt Joachim Ziemßen, als er im Hinblick auf die wahrgenommene ausgedehnte Zeit beim Fiebermessen bemerkt:

„Ja, wenn man ihr aufpaßt, der Zeit, dann vergeht sie sehr langsam."[96]

Damit ist die bewusste Beachtung des (objektiven) Zeitverlaufs angesprochen, die regelmäßig bei Wartezeiten vorliegt und zur subjektiven Zeitausdehnung wesentlich beiträgt. Tatsächlich ist es ein häufig untersuchtes und empirisch gut belegtes Phänomen, dass Wartezeiten nicht nur als langweilig, entnervend und bedrückend, sondern zudem als besonders lang empfunden werden. Deshalb ist es auch möglich, dass die wahrgenommene Dienstleistungsqualität eines Angebots wesentlich von der wahrgenommenen Wartezeit negativ bestimmt wird, die von Kunden in ihrer Länge tendenziell überschätzt wird, während diese die Transaktionszeit eher unterschätzen. Insofern gilt es für Dienstleister, Wartezeiten für den Kunden möglichst gering zu halten, beispielsweise durch Reservierungssysteme, zeitliche Kapazitätsanpassungen oder den Abbau von Belastungsspitzen mittels zeitlicher Preisdifferenzierung. Da sich Wartezeiten aber nicht vollständig vermeiden lassen, gilt es auch, die negative Wirkung der wahrgenommenen Wartezeit abzuschwächen. Das setzt die Kenntnis über wesentliche *Einflussgrößen der subjektiven Wartezeitwahrnehmung* voraus.

LEKTION 25

Determinanten der Wahrnehmung von Wartezeiten[97]

Eine Reihe von Faktoren bestimmt, in welchem Maße Wartezeiten als lang und belastend wahrgenommen werden:

(1) *Der Wert der Dienstleistung:* Je größer der Wert ist, den der Kunde einer Dienstleistung beimisst, je dringlicher er auf diese Leistung angewiesen ist und umso weniger Alternativen zur Verfügung stehen, desto eher ist er zu warten bereit.

(2) *Information über Gründe und Dauer des Wartens:* Mangelnde Klarheit über die Dauer der Wartezeit schafft Irritation und verlängert die subjektiv wahrgenommene Wartezeit. Ebenso relevant sind Informationen über die Gründe des Wartens. Bleibt eine Erklärung aus, verstärken sich Gefühle der Machtlosigkeit und Irritation.

(3) *Aktivitätsniveau:* Das Erleben von Dauer ist abhängig vom Umfang der zu verarbeitenden Informationen und dem Aktivitätsniveau. So empfinden Kunden, die aktiv sein können oder unterhalten werden, die Wartezeit vergleichsweise kürzer als diejenigen, die passiv bleiben

und sich allein auf das Vergehen der Zeit konzentrieren müssen.

(4) *Negative Emotionen:* Unangenehme Gefühle verstärken die negative Wahrnehmung von Wartezeiten und die empfundene Dauer. Beispiele hierfür sind die Angst vor einer bevorstehenden unangenehmen Behandlung, die Furcht, nicht rechtzeitig oder überhaupt nicht mehr sein Ziel erreichen zu können, oder das Gefühl der Benachteiligung, weil andere Kunden in zeitlicher Hinsicht bevorzugt werden.

Dementsprechend können Dienstleister die Wahrnehmung von Wartezeiten verbessern, indem sie Wartezeiten vor allem in Bezug auf die Dienstleistungselemente reduzieren, die aus Kundensicht wenig Wert haben, die Kunden über Gründe und mutmaßliche Dauer der Wartezeit informieren, Aktivitäts- und Unterhaltungsmöglichkeiten schaffen, Ängste und Irritationen abbauen, und zwar durch Information, aber auch durch den Verzicht auf (wahrnehmbare) uneinsichtige Bevorzugungen.

Thomas Manns „*Zauberberg*" ist also tatsächlich ein ‚Zeitroman', dessen Lektüre allen, insbesondere aber auch Dienstleistungsmanagern, die Relevanz der Zeit als wesentliches Element des Dienstleistungskonsums und damit als zentraler Ansatzpunkt des strategischen und operativen Dienstleistungsmanagements differenziert vor Augen führt. Zugleich verdeutlicht er auf eindrucksvolle Weise die Rolle, die Mitkunden für die Qualitätswahrnehmung von Kunden kollektiver Dienstleistungen haben, und welche Bedeutung daher einem Management zukommt, das darauf ausgerichtet ist, ein harmonisches Zusammenleben und -wirken ‚kompatibler' Kunden zu gewährleisten.

Nur eine Frage ist bisher offen geblieben: Wie endet denn eigentlich Hans Castorps angesichts seines Verlusts an Zeitgefühls doch potenziell unendlich langer Aufenthalt im Sanatorium? Er endet nicht durch seine Entscheidung, sondern verantwortlich ist ein weltgeschichtlicher ‚Donnerschlag', der Ausbruch des Ersten Weltkriegs, der die Patienten des Berghofs in ihre Heimat, und manche von ihnen, so auch Hans Castorp, in den Krieg ziehen lässt. Ob – und wenn ja wie – er überleben wird, bleibt offen.

Quellenangaben

67 Mann, T.: Der Zauberberg, Gesammelte Werke in Einzelbänden, Frankfurter Ausgabe, hrsg. von Mendelssohn, P. de, Frankfurt 1981, S. 137.
68 Ebenda, S. 103.
69 Ebenda, S. 322.
70 Ebenda, S. 334.
71 Ebenda, S. 190.
72 Ebenda, S. 66.
73 Ebenda, S. 109.
74 Ebenda, S. 57-59.
75 Ebenda, S. 61-62.
76 Ebenda, S. 128-129.
77 Ebenda, S. 117.
78 Pranter, Ch. A./Martin, Ch. L.: Compatibility management: Roles in service performers, in: Journal of Services Marketing, 5. Jg. 1991, Nr. 2, S. 43-53.
79 Nerdinger, F., a.a.O., S. 43-47.
80 Mann, T: Der Zauberberg, a.a.O., S. 700.
81 Wimmer, R.: Zur Philosophie der Zeit im Zauberberg, in: Sprecher, T. (Hrsg.): Auf dem Weg zum „Zauberberg". Die Davoser Literaturtage 1996, Frankfurt am Main 1997, S. 251-272.
82 Mann, T.: Der Zauberberg, a.a.O., S. 759; Mann, T.: Einführung in den Zauberberg. Für Studenten der Universität Princeton, in: Mann, T.: Rede und Antwort. Über eigene Werke, Huldigungen und Kränze: Über Freunde, Weggefährten und Zeitgenossen, Gesammelte Werke in Einzelbänden, Frankfurter Ausgabe, hrsg. von Mendelssohn, P. de, Frankfurt 1984, S. 76; Mann, T.: On Myself, in: Mann, T.: Über mich selbst - Autobiographische Schriften, Gesammelte Werke in Einzelbänden, Frankfurter Ausgabe, hrsg. von Mendelssohn, P. de, Frankfurt 1983, S. 80; vgl. auch Könneker, C.: Raum der Zeitlosigkeit. Thomas Manns Zauberberg und die Relativitätstheorie, in: Thomas Mann Jahrbuch Band 14, Heftrich, E./Sprecher, T./Wimmer, R. (Hrsg.), Frankfurt 2001, S. 216.

83 Stauss, B.: Dienstleister und die vierte Dimension, in: Harvard Business Manager, 13. Jg. 1991, Nr. 2, S. 81.
84 Mann, T.: Der Zauberberg, a.a.O., S. 14.
85 Ebenda, S. 77.
86 Ebenda, S. 200.
87 Ebenda, S. 229.
88 Ebenda, S. 760.
89 Ebenda, S. 404-405.
90 Ebenda, S. 238-239.
91 Ebenda, S. 95.
92 Ebenda.
93 Stauss, B.: Dienstleister und die vierte Dimension, a.a.O., S. 82-85.
94 Mann, T.: Der Zauberberg, a.a.O., S. 259-260.
95 Ebenda, S. 148.
96 Ebenda, S. 94.
97 Maister, D.H.: The psychology of waiting lines, in: Czepiel, J.A./Solomon, M.R./Surprenant, C.F. (Hrsg.): The service encounter, Lexington 1985, S. 113-123.

Thomas und Katia Mann auf dem Flughafen Zürich-Kloten (1950) vor ihrem Abflug nach London
© STR / picture-alliance / Keystone / Thomas-Mann-Archiv

Zum biographischen Hintergrund I – Thomas Mann als Dienstleistungskunde

In Thomas Manns Novellen und Romanen sind es die von ihm erschaffenen Protagonisten, welche die geschilderten Dienstleistungsepisoden erleben; und doch sind die Erlebnisse keine reine Fiktion. Wie seine literarischen Geschöpfe war Thomas Mann ein bürgerlicher, wohlhabender Mann mit sehr hohen Ansprüchen an Komfort und Servicequalität. Und er verfügte über umfangreichste Serviceerfahrungen – als Patient in exklusiven Sanatorien, als häufiger Gast in luxuriösen Hotels, als Erholungs- und Vortragsreisender in Bahnen und auf Passagierschiffen. Was er seinen Erzähler in der Novelle *„Das Eisenbahnunglück"* sagen lässt, gilt absolut auch für ihn selbst: *„Ich reise gern mit Komfort."*[98]

Vollständig zitiert lautet dieser Satz übrigens: *„Ich reise gern mit Komfort, besonders, wenn man es mir bezahlt."*[99] Und auch diese Ergänzung trifft vollständig auf den Autor zu. Eine von seiner Frau Katia erzählte Anekdote macht dies deutlich. Als Thomas Mann von seinem amerikanischen Verleger Alfred Knopf anlässlich des Erscheinens der englischsprachigen Ausgabe von *„Der junge Joseph"* zu seiner ersten USA-Reise im Jahre 1934 eingeladen wurde, schrieb Katia Mann zurück, sie seien gern bereit, die Einladung anzunehmen, verwies aber auf den Gesundheitszustand ihres Mannes und teilte die – vermeintliche – Stellungnahme seines Arztes mit, *„gegen die Reise sei gar nichts einzuwenden, aber selbstverständlich dürfe sie nur statthaben, wenn Thomas Mann sie mit allem Komfort anträte".*[100] Und dieser Brief hatte durchaus Erfolg: *„Mit dem holländischen Schiff, der R.M.S. ‚Volendam', sind wir sehr angenehm hinübergefahren."*[101]

DER REALE HINTERGRUND DER FIKTIONALEN DIENSTLEISTUNGSEPISODEN

Die umfänglichen Serviceerfahrungen Thomas Manns sind insbesondere deshalb von Interesse, weil diese in hohem Maße Eingang in sein dichterisches Werk gefunden haben.

Wiederholt hat er selbst darauf hingewiesen, dass er – wie alle großen Dichter – nicht primär ein Erfinder sei, sondern ein Finder, der sich am liebsten auf die Wirklichkeit stütze.[102] Und da er als Autor Einzelheiten nicht erfindet, *„muß er sie finden. Um sie zu finden, muß er sie suchen. Die Wahrnehmung verliert ihre Interessenlosigkeit und wird eine witternde, zweckgebundene. Der Zweck ist das Werk. Das Werk lenkt, schärft und beschränkt den Blick. Alle Empirie wird reduziert zum Material, zur Quelle".*[103]

Für Thomas Mann wird somit sein ganzes Umfeld zum Material, das er ständig scharf im Hinblick auf literarische Verwertbarkeit beobachtet.[104] Zu diesem Material gehören auch die Menschen aus seiner engsten Umgebung. Familienangehörige, Freunde und Bekannte dienen ihm als Vorbild für seine literarischen Figuren, was immer wieder zu Verstimmungen und Ärger führt, weil sich die Betroffenen unerwartet und trotz aller themenspezifischen Verfremdung aufs Genaueste ironisch-negativ beschrieben, vorgeführt, denunziert und ausgenutzt fühlen. Im empörten Lübeck liegen in Buchhandlungen Listen aus, welche die in den *„Buddenbrooks"* auftretenden Personen enträtseln; sein Onkel Friedrich (Friedel) distanziert sich in einer Zeitungsanzeige aufgebracht von der seines Erachtens niederträchtigen Charakterisierung.[105] Sein Freund Holitscher, der bemerkt, wie Thomas Mann ihn vom Fenster seiner Wohnung durch ein Opernglas beobachtet, findet sich zu seinem Entsetzen in der Novelle *„Tristan"* als unsympathischer Sanatoriumspatient Detlev Spinell mit *„wunderlichem Äußeren"* und *„großen kariösen Zähnen"* beschrieben.[106] Ähnlich geht es dem Schriftstellerkollegen Gerhard Hauptmann, der im Zauberberg als Mynheer Peeperkorn aufs Genaueste und zugleich ironisch-grotesk überzeichnet porträtiert wird, oder seiner Freundin Annette Kolb, die im *„Doktor Faustus"* als Modell für Jeannette Scheuerl verwendet wird und der dort ein *„elegantes Schafsgesicht"* zugeschrieben wird, was im tatsächlichen Leben die Freundschaft beendet.[107] Die Liste lässt sich leicht verlängern.

Was die Personen betrifft, gilt in gleicher Weise für die Dienstleistungserlebnisse. Selbstzeugnisse, aber auch Schilderungen von Familienmitgliedern und Bekannten belegen, dass er selbst beobachtet und erfahren hat, was seine Romanfiguren erleben. Dies gilt beispielsweise auch für Schauplätze und Situationen, die in den Kapiteln zu *„Tonio Kröger"*, *„Das Eisenbahnunglück"*, *„Mario und der Zauberer"* und *„Der Zauberberg"* wiedergegeben wurden.

Wie *Tonio Kröger* unternahm Thomas Mann, der damals in München lebte und Redakteur des *„Simplicissimus"* war, eine Reise nach Dänemark, nämlich in das Seebad Aalsgard nahe Helsingör, und machte dabei zunächst in seiner Heimatstadt Lübeck Station. Schon auf dieser Reise, die im Herbst 1899 stattfand, entwarf er erste Gedanken zur Novelle, die 1903 fertiggestellt und erstmals veröffentlicht wurde.[108] Und er legt Wert auf die Feststellung, dass er die zentralen Details, auch seine Hotelerlebnisse, selbst erlebt hat: *„Man sollte denken, daß in jener Jugendnovelle Szenen wie ... die mit dem Polizisten zweckhaft, um der Idee, des Witzes willen erdacht seien. Sie sind es nicht, sind einfach der Wirklichkeit abgenommen."*[109] Am Spätnachmittag mit der Bahn in Lübeck angekommen, ging er zu Fuß zum altrenommierten Hotel ‚Stadt Hamburg', in dem er mit gemäßigter Höflichkeit empfangen wurde und in dem der Besitzer des Hotels, der in der Realität nicht Seehase, sondern Töpfer hieß, ihn zum peinlichen Gespräch mit dem Polizisten in sein Büro bat.[110]

In der Novelle *„Das Eisenbahnunglück",* im November und Dezember 1908 geschrieben und im Jahre 1909 veröffentlicht, verarbeitet Thomas Mann einen Vorfall, den er drei Jahre zuvor tatsächlich erlebt hatte. Am Abend des 1. Mai 1906 war er in den Nachtschnellzug von München nach Dresden eingestiegen. Etwa zweieinhalb Stunden später kam es kurz hinter Regensburg zu einem Unglück, als der Zug wegen einer defekten Weiche einen abgestellten Güterzug rammte. Die Lokomotive und ein Wagen des Fernzugs entgleisten. Man zählte sechs Leichtverletzte; Thomas Mann, der sich im hinteren Zugteil befand, blieb unverletzt. Der Gepäckwagen, der sich unmittelbar hinter der Lok befand, wurde dagegen stark beschädigt.[111] Insofern kann er durchaus wie der Ich-Erzähler Sorge um sein Manuskript gehabt haben, auch wenn er sich nicht auf einer Vortragsreise befand, sondern auf dem Weg ins Sanatorium auf dem Weißen Hirschen, und auch wenn Literaturwissenschaftler darauf hinweisen, dass das Manuskript zum Roman „*Königliche Hoheit*", an dem er zum Zeitpunkt des Unglücks arbeitete, noch nicht sehr umfangreich gewesen sein dürfte.[112]

Auch in „*Mario und der Zauberer*" spiegeln sich Thomas Manns Erfahrungen, in diesem Fall das Ferienerleben seiner Familie, wider. Im August 1926 hielt er sich mit seiner Frau Katia und seinen zwei jüngsten Kindern, Elisabeth und Michael, in Forte dei Marmi auf, das in der 1929 geschriebenen Novelle zu Torre de Venere wird. Dies waren Zeit und Ort der dargestellten bedrückenden Atmosphäre sowie der im Detail ausgeführten Hotel- und Strandvorfälle. Katia Mann beschreibt den ‚interkulturellen Konflikt' in ihrem Brief an ihre Tochter Erika vom 22. August 1926 folgendermaßen: *„Ein abscheulicher Faszist nahm Anstoß daran, weil die Mädi [Elisabeth] am Strand einen Augenblick ihr Trikot ausgezogen hatte, um den Sand abzuspülen, der arme, ahnungslose Spatz, machte mir erst eine abscheuliche Szene, erklärte es für eine Schamlosigkeit, einen Mißbrauch der Gastfreundschaft, eine Schändung Italiens (sic), dann holte er auch noch die Polizei, ich mußte mit ihm aufs Amt gehen, wurde verhört und bin gewissermaßen entehrt."*[113] Auch den Zauberer der Geschichte, der die Zuschauer hypnotisierte, hat es in der Realität gegeben, nur dass er nicht Cipolla, sondern Cesare Gabrielli hieß.[114]

Das in der Novelle so eindrucksvoll geschilderte Gefühl, im Hotel nicht ausreichend hofiert zu werden, die intensiv wahrgenommene Verletzung des menschlichen Bedürfnisses nach Anerkennung durch die Bevorzugung anderer Gäste haben die Manns auch zu anderen Zeiten und in anderen Hotels sehr schmerzhaft erlebt. Zwei dieser kritischen Ereignisse beschreibt Katia Mann in „Meine ungeschriebenen Memoiren".

Der erste Vorfall ist Teil der Vorgeschichte zu dem Ferienaufenthalt der Familie im Grand Hotel de Bains am Lido von Venedig, in dem Thomas Mann verliebt einen polnischen Jungen beobachtet; ein Erlebnis, das er später in seiner Novelle *„Tod in Venedig"* künstlerisch verarbeitete. Die Familie war im Frühjahr 1911 zunächst an die dalmatinische Adria nach Brioni (heute: Brijuni) gefahren, aber da gefiel es den Manns nicht besonders: *„Erstens hatte es keinen Sandstrand, und zweitens war die Mutter des späteren Kaisers Karl von Österreich dort als Kurgästin. Diese Erzherzögin hatte die geschmackvolle Eigenheit, immer zwei Minuten, nachdem alle schon saßen, zu Tisch zu kommen. Man aß in dem großen Saal des Hotels,* table d'hôtel, *an verschiedenen Tischen. Da erhob sich die ganze Gesellschaft, Ausländer inbegriffen, bei ihrem Eintritt, und dann ging sie immer zwei Minuten vor Schluß weg; die ganze Gesellschaft stand wiederum auf. Das war wirklich sehr lästig und verdroß uns."*[115]

Hier reiste man also verdrossen ab, weil man für die fast-königliche Mitkundin, die Erzherzogin, aufstehen musste, die im Übrigen wie Madame Chauchat immer zu spät kam und ihren Auftritt zelebrierte, was Hans Castorp so hasste. Noch schlimmer haben es die Manns aber wohl empfunden, wenn sie sich – wie das zweite kritische Ereignis zeigt – als Kunden im Vergleich zu einem Schriftstellerkollegen nachrangig behandelt fühlten. Dies war auf Hiddensee der Fall, wo sie mit Gerhard Hauptmann, ebenfalls Literaturnobelpreisträger, Ferienwochen verbrachten. Hier mussten die Manns erleben, dass im Hotel nur der Kollege

Hauptmann König war, während sie sich zum Gäste-Fußvolk gesellen mussten, wie Katia Mann berichtet: *"Nun war er aber dermaßen eindeutiger König, daß für uns dort wenig Aufmerksamkeit abfiel. Wir wohnten im ‚Haus am Meer', ‚seinem' Haus, hatten aber mit den übrigen Gästen im Speisesaal zu essen und bekamen sehr mäßiges Essen, wohingegen Hauptmann köstliche Speisen auf die Zimmer hinaufgetragen wurden. Das Ganze war etwas verdrießlich."*[116]

Wie in Bezug auf Bahnen und Hotels verfügte Thomas Mann auch hinsichtlich Sanatorien – dem Schauplatz des *„Zauberbergs"* – über reichhaltige Erfahrungen. So hielt er sich beispielsweise in den Jahren 1901 bis 1904 wiederholt in Nervensanatorien in Mitterbad und Riva auf, und 1909 weilte er in Zürich in Dr. Max Bircher-Benners Sanatorium wegen eines nervösen Magenleidens.[117] Er hatte somit umfängliche Gelegenheiten, eigene Beobachtungen anzustellen. Die Idee zum zunächst als Novelle geplanten, sich dann aber zum großen Roman entwickelnden *„Zauberberg"* verdankte er allerdings seiner Frau Katia, die sich auf ärztliches Anraten von März bis September 1912 im Waldsanatorium in Davos aufhielt.

Thomas Mann besuchte seine Frau im Frühsommer und blieb dort als Gast für knappe vier Wochen.[118] Hier gewann er eine Vielzahl eigener Eindrücke, die er in seiner Beschreibung des Sanatoriumsaufenthalts verarbeitete und die durchaus ein hohes Maß an Dienstleistungskritik enthalten, und zwar in medizinischer Hinsicht (Veranlassung von nicht erforderlichen, in jedem Fall aber viel zu langen Kuren; Aufnötigung nicht indizierter Operationen und teurer Arznei- und Hilfsmittel), mit Bezug auf die Hotelleistungen (zu niedrige Heizungstemperatur) und den persönlichen Service (mangelnde Aufmerksamkeit, autoritärer Umgangston).[119] Vor allem aber konnte er die Mitkunden beobachten; und zudem profitierte er in hohem Maße von Katias detaillierten mündlichen Berichten und Briefen, die sie ihm aus Davos – wie auch anlässlich anderer Kuraufenthalte in Schweizer Bergsanatorien, beispielsweise aus Arosa – schrieb.[120] Zwar sind diese Briefe verloren, doch Katia Mann hat später über ihre damaligen Erlebnisse und Schilderungen berichtet und dabei auch auf Mitkunden hingewiesen, die Thomas Mann als Rollenmodelle dienten, beispielsweise für Frau Chauchat und Herrn Albin. *„Madame Chauchat, die immer die Türen schmiß, gab es in Davos. Sie hat meinen Mann zunächst mit ihrem Türenschmeißen tatsächlich sehr verletzt, beleidigt und geärgert, aber dann hat er für ihre Reize sehr viel Sinn gehabt."*[121] Die reale Person des fiktiven Herrn Albin hatte sie dagegen im Lungensanatorium von Arosa erlebt: *„'Herr Albin', der immer so prahlte, immer mit dem Revolver herumfummelte und sich erschießen wollte; außerdem so viele Pralinés fraß und verteilte."*[122]

Die Beispiele zeigen, wie real die Dienstleistungsepisoden sind, die Thomas Mann in künstlerischer Form in den erzählerischen Zusammenhang seiner Werke einbaut. Allerdings stellen die literarisch verwerteten Episoden natürlich nur einen Bruchteil seiner persönlichen Dienstleistungserfahrungen dar. Zahlreiche weitere Hinweise darauf liefern seine Tagebücher.

DIENSTLEISTUNGSKONSUM IN DEN TAGEBÜCHERN

Thomas Mann hat sein Leben lang Tagebuch geführt, schon als Gymnasiast in Lübeck bis kurz vor seinem Tode. Als er am 11. Februar 1933 auf eine Reise nach Amsterdam, Brüssel und Paris ging, um einen Wagner-Vortrag zu halten, wusste er nicht, dass kurz darauf die nationalsozialistische Kampagne gegen ihn in München beginnen und er nicht wieder nach Deutschland zurückkehren würde. Da sein angefangenes Tagebuch in München zurückgeblieben war, begann er während eines Erholungsaufenthalts in Arosa am 15. März ein neues Tagebuch. Und in diesem Heft beschreibt er auch die Bedeutung, die Wichtigkeit, die Ziele seiner täglichen Notizen: *„Diese Tagebuchaufzeichnungen, wieder aufgenommen in Arosa, in Tagen der Krankheit durch seelische Erregung und durch den Verlust der gewohnten Lebensbasis, waren mir ein Trost und eine Hülfe seither, und gewiß werde ich sie fortführen. Ich liebe es, den fliegenden Tag nach seinem sinnlichen und andeutungsweise auch nach seinem geistigen Leben und Inhalt fest zu halten, weniger zur Erinnerung und zum Wiederlesen als im Sinn der Rechenschaft, Rekapitulation, Bewußthaltung und bindender Überwachung ..."*[123]

An vielen der fliegenden Tage hat Thomas Mann Dienstleistungen in Anspruch genommen, und daher ist in den Aufzeichnungen auch eine Fülle von Dienstleistungserlebnissen als Teil seines sinnlichen Lebens zu rekapitulieren. Insofern sind seine Tagebücher nicht nur für Literaturwissenschaftler und Historiker eine Quelle von unschätzbarem Wert zum Verständnis seiner Person mit ihren Eigenheiten und Eitelkeiten, Trieben und Befindlichkeiten, zur Analyse der Entstehungszusammenhänge seiner Werke und zum Nachvollzug der Entwicklung seiner politischen Anschauungen. Sie bieten auch Einblick in seinen Dienstleistungskonsum und dessen subjektive Wahrnehmung.

Thomas Mann hat die meisten der zunächst auf abenteuerliche Weise aus dem Münchner Heim geretteten früheren Tagebücher im Mai 1945 im Garten seines damaligen Wohnortes Pacific Palisades verbrannt.[124] Aber auch mit den verbliebenen Tagebüchern der Jahre 1918–1921 und 1933–1955 liegt ein reiches Quellenmaterial vor. Hunderte Male ist die Rede von Hotelzimmern und Restaurantessen, von Schlafwagenabteilen und Schiffskabinen und insbesondere von den direkten Kontakten mit Dienstleistungsmitarbeitern, mit Portiers, Zimmermädchen, Stewarts, Schlafwagenschaffnern und Friseuren. Diese stichwortartigen Notizen sind aus Dienstleistungsperspektive und somit auch für Dienstleistungsmanager zum einen interessant, weil die dort vorzufindenden kurzen Eintragungen Thomas Manns frühere und literarisch verwendeten Erfahrungen und Einschätzungen stützen, und zum anderen, weil die individuellen, in den Tagebüchern dokumentierten Erlebnisse der Einzelperson Thomas Mann wiederum generelle Erkenntnisse zum Dienstleistungskonsum bestätigen.[125]

Typische Situationen, die in den Werken, *„Das Eisenbahnunglück", „Mario und der Zauberer"* oder *„Der Zauberberg"* beschrieben werden, erlebte Thomas Mann selbst auch später noch wiederholt.

Das gilt beispielsweise in Bezug auf das wahrgenommene Risiko bei Reisen und die Mechanismen der Risikoreduzierung. So geht es ihm wie dem Erzähler in der Novelle *„Das Eisenbahnunglück"*: Die Reservierung eines Erster-

Klasse-Platzes im Zug dient ihm als Qualitätsversprechen und bewirkt eine deutliche Verringerung des wahrgenommenen Risikos: *„Meine Nervosität ist ziemlich groß, die Verdauung in Rückstand. Das Bewußtsein, daß wir erste Klasse fahren werden, hat etwas Beruhigendes"* (23. Juli 1934, vor der Fahrt nach Venedig).

Auch die Angst der Novellenfigur um das Gepäck hat Thomas Mann, der auf Zugreisen mit seiner Frau oft mehr als zehn Koffer mit sich führte,[126] oft gespürt, und darüber hinaus auch mehrfach einen zumindest zwischenzeitlichen Gepäckverlust erlebt, was die Berechtigung dieser Angst nur unterstreicht:

— *„Man nahm in Stendal den Bremer Schnellzug nach Berlin, wobei wie erwartet, das große Gepäck abhanden kam"* (11. August 1919).
— *„Große Wirrnis mit dem Gepäck"* (bei Ankunft in Wien, 3. Dezember 1919).
— *„Arge Aufregung über das Zurückbleiben, rätselhaft, von K. [Katia]s Hauptgepäckstück." „K. erhielt ihren Koffer mißhandelt und beschädigt zurück"* (Riverside, Connecticut, 2. Juni 1935).
— *„Im Zuge nach Zürich Ausbleiben eines Handkoffers, der sich dann unter fremdem Gepäck fand"* (31. Januar 1938).
— *„Ausbleiben des Handkoffers mit den Manuskripten"*; später: *„Eintreffen des fehlenden Gepäckstücks, dessen Wegbleiben allerdings für die Reise tötlich gewesen wäre"* (Queen Mary, Ozean, 17. Februar 1938).
— *„Ausbleiben des fehlenden Koffers"* (Washington, Hotel Crescent Place, 18. November 1942).

Aber auch störende Mitkunden treten auf, die bisweilen zudem den Charakter von Problemkunden (,jaycustomers') annehmen:
- Im Zug: *"4 Uhr gestört durch verirrten Eindringling"* (nachts im Zug von Kansas City nach Denver und weiter nach Los Angeles, 6. Dezember 1943).
- Im Hotel: *"Nachts tadelnswerte Störung durch lärmende Gäste, die vom Kostümball heraufkamen"* (Arosa, Waldhotel, 11. Januar 1938).
- Auf dem Dampfer ,Washington': *"Nervosität unseres Schweizer Kellners, den die Ansprüche einer Dame in Wut versetzt hatten. Gaben ihm recht gegen den Reisepöbel, der desto frecher wird je mehr man ihm bietet"* (vor Queenstown, Irland, 5. Juli 1938).

An diesen Beispielen sieht man bereits, dass die Hinweise auf genutzte Dienstleistungen und deren wahrgenommene Qualität – tagebuchgerecht – nur stichwortartig ausfallen. Dennoch lassen sie Regelmäßigkeiten erkennen, die mit den vorangestellten Lektionen in hohem Maße übereinstimmen und diese ergänzen und somit *Erkenntnisse der Dienstleistungsforschung* bestätigen. Hier sind insbesondere folgende Punkte erwähnenswert:

1. In den Tagebüchern finden sich weitaus *mehr Äußerungen der Unzufriedenheit* als Aufzeichnungen der Zufriedenheit. Das deckt sich mit generellen psychologischen Forschungsergebnissen und Studien aus dem Bereich des Konsumentenverhaltens, dass sich Menschen an negative Erfahrungen viel häufiger erinnern als an positive und daher auch mehr negative kritische Ereignisse schildern als positive,[127] da offenbar die Gedächtnisleistung durch die Ausschüttung von Stresshormonen begünstigt

wird. Dies unterstreicht die Notwendigkeit für Dienstleister, die Priorität auf die Vermeidung von Qualitätsproblemen zu setzen.
2. In den negativen Kommentaren dominieren – wie erwartet – *Verletzungen der Minimumqualität*. Beispielsweise ärgert sich Thomas Mann in Bezug auf Bahnfahrten wiederholt über Verspätungen: *„Der Zug hatte große Verspätung"* (19. August 1935), Überfüllung: *„Der Zug von Linz an überfüllt, die Gänge verstopft"* (3. Dezember 1919), *„Kein Platz im Speisewagen, kein Lunch"* (auf dem Weg nach Lake Mahonk am 15. Juni 1945) und unruhige Fahrt: *„Unglaublich stoßendes u. schlenkerndes Fahren des Zuges die ganze Nacht"* (im Zug nach Greensville, 27. Oktober 1941).

Auch bei Hoteldienstleistungen beklagt er häufig die Nichterfüllung von Mindesterwartungen in Bezug auf verschiedene Qualitätsaspekte:

— Verpflegung: *„Bescheidener Gasthof. Zimmer 15 Kr. Bekam gestern Morgen zum Frühstück nur leeren Thee; kein Brot erhältlich"* (Salzburg, Hotel Elisabeth, 3. Dezember 1919).

— Zimmereinrichtung: *„Wackelige Möbel"* (Wien, Hotel Imperial, 3. Dezember 1919). *„Mühsame Nacht. Haß auf das schlechte Bett mit der unseligen, schief gelegenen Rolle"* (Le Lavandou, Pension La Calanque, 19. September 1936).

— Zimmerservice: *„Ließ mir 4 Uhr Thee kommen, – der nicht kam … Morgens sehr verstimmt. Bedienung funktioniert nicht, fühlte mich vernachläßigt und schlecht aufgehoben"* (Wien, Hotel Imperial, 4. und 5. Dezember 1919). *„Kaffee-Frühstück nach enerviertem Warten"* (Dal-

las, Texas, Hotel Adolphus, 19. Februar 1940). *„Lunch zu zweien im Hotel. Langsame Bedienung"* (Chicago, Hotel Windermere, 1. Januar 1941).
— Heizung: *„Schlimmes Provinzhotel, Zimmer zunächst ungeheizt ... Die Heizung ist eine Schande; nur der oberste Teil der Röhren wird warm. Will froh sein, hier wegzukommen"* (Olton, Hotel Aaarhof, 7. und 8. Februar 1934).

3. Bei *besonders kritischen Ereignissen* werden Unverständnis und Empörung über Verletzungen von Mindesterwartungen anhand *detaillierterer Beschreibungen* der Vorfälle zum Ausdruck gebracht, wie das folgende Bahnreisebeispiel zeigt: *„Der Morgen, trübe, brachte nach dem Aufstehen um 9 Uhr eine bittere Enttäuschung. Es ist kein Waggon-Restaurant im Zuge, auch sonst bei Marseille um 12 Uhr keine Gelegenheit, ein warmes Getränk, mir so wichtig, zu bekommen. Eine schlimme Behagensminderung und unbegreiflich auf solcher Strecke"* (im Zug von Basel nach Marseille-Toulon, 6. Mai 1933).

4. Wiederholt finden sich *Sequenzen von Unzufriedenheitsepisoden* während einer Dienstleistungsnutzung. Das kann auf eine durchgehend schlechte Qualität des Angebots zurückzuführen, aber auch ein Indiz für eine (Un-)Zufriedenheitsdynamik sein, die dafür sorgt, dass ein negatives Erlebnis Ausstrahlungseffekte auf die Qualitätswahrnehmung von Folgeepisoden hat: *„Erst gegen Mitternacht Rückkehr ins Hotel, wo sich das Fehlen eines Glases herausstellte, sodaß ich nicht wußte wie einnehmen und spülen, ferner die Defektheit des Klosets. Trank aus der Seifenkapsel. Auch das Frühstück heute Morgen zu ziemlich gut verbrachter Nacht gab Grund zur Unzu-*

friedenheit. Salz und Eierbecher mußten reklamiert werden" (Locarno, Hotel Belvedere, 6. April 1934).
5. Die *Erfüllung der Kernleistung wird als selbstverständlich angesehen* und nicht extra erwähnt. So berichtet Thomas Mann unzählige Male in seinem Tagebuch, dass er den Friseur aufgesucht habe, ohne eine Bewertung des Haarschnitts vorzunehmen, wie in den folgenden Beispielzitaten:
— *"ließ mir bei Braumüller das Haar schneiden und Öl-Champooing machen"* (8. Januar 1935).
— *"Zum Haarschneiden mit Massage und Öl-Shampooing"* (Princeton, 27. Oktober 1938).

Das Ergebnis der Dienstleistung, der Haarschnitt, wird mit keiner Silbe kommentiert. Demgegenüber ist in positiver Hinsicht allein der soziale Aspekt, der persönliche Kontakt mit den Mitarbeitern bemerkens- und erwähnenswert (wobei allerdings – mannspezifisch – Lob nur dann erteilt wird, wenn die Bedienungsperson seinen „Enthusiasmus für das Jung-Männliche"[128] auslöst:
— *"Mittags in die Stadt. Ließ mir in den 4 Jahreszeiten von dem sympathischen Gehülfen das Haar schneiden und champonieren"* (13. Mai 1919).
— *"Zum Coiffeur, Haarschneiden und Balsamierung, bedient von dem treuherzigen jungen Gehilfen mit den schönen schwarzen Augen"* (4. September 1937).
— *"Zum Haarschneiden nach Westwood bei leichtem Regen. Sympathischer junger Neger dort, schon früher beobachtet, mit angenehmer Stimme und feinen Zügen"* (14. Januar 1950).

Auch in den negativen Kommentaren finden sich keine Anmerkungen zur Friseur-Kernleistung, sondern nur zu den zeitlichen und örtlichen Rahmenbedingungen:
- *„Mittags nach Westwood zum Haarschneiden. Mußte lange warten, da der Shop voll von jungen Militärs, Ingenieur- oder Artillerie-Kadetten war"* (8. Mai 1943).
- *„Wollte mir das Haar schneiden lassen, aber das Lokal stieß mich ab"* (10. August 1940).

6. Bei wiederholter Dienstleistungsnutzung und positivem Erleben des gleichen hohen Qualitätsniveaus kann sich bei bestimmen Dienstleistungen ein *starkes emotionales Gefühl der Vertrautheit* und Geborgenheit ergeben. Dies hat Thomas Mann etwa in Bezug auf den Luxus Pulman-Reisezug und das geliebte Waldhotel in Arosa erfahren:
   - *„Weiter, Heimat des Pulman-Abteils"* (26. Oktober 1941, im Zug von Mobile nach Greenville).
   - *„Das Hotel wie immer. Begrüßung mit Concierge u. Personal. Dr. Richter, der uns auf die gewohnten Zimmer im III. Stock begleitet, aus denen wir ‚eben' ausgezogen u. in denen wir uns nun zur Wiederholung (die etwas variiert sein, andere Inhalte haben wird) wieder einrichten. Bequemlichkeit, Platz, praktische Behaglichkeit. Freude an der Wiederaufnahme dieser Lebensform bis zur Bewegtheit"* (Arosa, Waldhotel, 11. Januar 1938).

7. Die *bedürfnisbezogenen Erwartungen* nach Anerkennung, Achtung und Beachtung *sind außerordentlich stark* und in der Regel weitaus bedeutsamer als die leistungsbezogenen Erwartungen an Einzelmerkmale der Dienstleistungsqualität. So bleiben bei Thomas Mann die meisten in Anspruch genommenen Dienstleistun-

gen ohne Bewertung; aber es wird jedes Mal positiv im Tagebuch vermerkt, wenn man ihn (wieder)erkennt und damit seinen besonderen Status anerkennt und unterstreicht. Das gilt fürs Bahnpersonal ebenso wie für Hotelmitarbeiter oder sogar Zeitungsverkäufer:

— *"… kehrten zurück und reisten 8 Uhr mit dem Schlafwagen, dessen Schaffner uns wiedererkannte, mit Abendproviant weiter"* (Nizza, Hotel D'Angleterre, 16. Mai 1935).
— *"Schlafwagen-Unterkunft bei sehr höflichem Schaffner, der uns kannte"* (im Zuge von Wien nach Prag, 9. Januar 1937).
— *"Der Zeitungsverkäufer nannte uns bei Namen"* (Denton, Texas, 26. Februar 1940).
— *"Uns wieder begrüßende Kellnerin"* (Bad Gastein, Gasteiner Hof, 21. August 1952).

Also auch ein Kunde, der weltweite Anerkennung erfahren, den wichtigsten Literaturpreis der Welt (und viele weitere Auszeichnungen) erhalten, von den angesehensten Universitäten Ehrendoktortitel verliehen bekommen hat und von politischen Größen bis zum amerikanischen Präsidenten eingeladen und beehrt wurde, auch ein solcher Kunde ist im Dienstleistungskontakt nur richtig glücklich, wenn ihm die – meist wenig anerkannten, wenig geehrten und von ihm in der Regel gar nicht als Personen wahrgenommenen – Mitarbeiter aus eigenem Antrieb ihren professionellen Respekt entgegenbringen und individuell ansprechen. Insofern sind Dienstleistungsunternehmen, die ihre Kunden begeistern wollen, wesentlich auf Mitarbeiter angewiesen, die in der Lage sind, diese Verhaltensweisen in jedem Kundenkontakt glaubhaft zu zeigen, und darüber hinaus grundsätzlich bereit und fähig sind, eigenständig für den Kunden mehr als nötig zu tun, d.h. ‚*prosozial*' zu agieren.

LEKTION 26
Prosoziales Dienstleisterverhalten[129]

Unter ‚Prosozialem Dienstleisterverhalten' im Kundenkontakt versteht man die freiwilligen Aktivitäten von Mitarbeitern, die darauf abzielen, sowohl die Kundenanforderungen an die Dienstleistung als auch die menschlichen Bedürfnisse an eine soziale Interaktion zu befriedigen. Dabei lenkt der Begriff der Freiwilligkeit den Blick auf die Verhaltensweisen, mit denen Mitarbeiter zum Nutzen des Kunden und aus Sicht des Kunden ‚mehr' machen, als sie zu tun verpflichtet sind. Es sind diese Verhaltensweisen, die bei Kunden zu außerordentlicher Zufriedenheit, zu Begeisterung, Lob und positiver Mundkommunikation führen.

In seiner empirischen Auswertung von spontanem Kundenlob in Internet-Meinungsforen über als herausragend empfundenes Mitarbeiterverhalten im Kundenkontakt identifiziert Coenen zehn konkrete Kategorien, die sich drei Verhaltensgruppen zuordnen lassen: Hilfe durch Vertrautheit, Hilfe durch Entgegenkommen und Hilfe durch Verantwortung.

(1) Die Gruppe ‚*Hilfe durch Vertrautheit*' umfasst Handlungen, mit denen die Mitarbeiter versuchen, mit dem Kunden eine Beziehung aufzubauen und ihm das sichere Gefühl zu vermitteln, dass ihm ein wohlmeinender, kompetenter und hilfsbereiter Partner zur Seite steht. Sie

erreichen dies, indem sie durch die frühzeitige Bereitstellung relevanter Informationen für Sicherheit sorgen, durch Small Talk und Humor eine ungezwungene Interaktionsatmosphäre erzeugen, sich für den Kunden Zeit nehmen und durch dieses fürsorgliche Verhalten dem Kunden ein Gefühl der Geborgenheit geben.

(2) Die zweite Gruppe, *Hilfe durch Entgegenkommen*, umfasst Verhaltensweisen, mit denen die Mitarbeiter entweder einem explizit geäußerten Kundenwunsch nachkommen oder aber ohne jegliche Aufforderung von sich aus kunden- und problemgerecht sowie großzügig reagieren.

(3) *Hilfe durch Verantwortung* als dritte Verhaltensgruppe beschreibt Verhaltensweisen, durch die das Auftreten potenzieller Kundenprobleme vermieden, aufgetretene Probleme gelöst und die Ausführung der Dienstleistung für den Kunden erleichtert werden.

Für Dienstleistungsunternehmen kommt es darauf an, bereits bei der Rekrutierung von Mitarbeitern nicht nur auf die fachliche Qualifikation, sondern besonders auch auf die Motivation und Fähigkeit der Bewerber zu prosozialem Dienstleisterverhalten zu achten. Darüber hinaus muss die Ausübung dieses Verhaltens durch entsprechende Führungs-, Anreiz- und Kommunikationssysteme sowie die Bereitstellung von Handlungsspielräumen unterstützt werden.

In der Regel profitieren auch Mitarbeiter unmittelbar davon, wenn sie die leistungs- und bedürfnisbezogenen Erwartungen der Kunden in Interaktionen (über)erfüllen, da sie oft Dank, positives Feedback oder auch eine materielle Belohnung erhalten. Inwieweit auch Thomas Mann diese Art der Anerkennung gewährt hat, ist schwer zu beurteilen. Dass er an einigen Stellen in seinem Tagebuch extra vermerkt, ein Trinkgeld gegeben zu haben, erweckt den Eindruck, dass dies nicht die Regel gewesen ist. Mit Schrecken notiert er beispielsweise, dass er dem *„Concierge aus Versehen zweimal Trinkgeld"* gegeben habe (27. Juni 1949). Auch aus Peinlichkeitsgründen gewährte ‚Großzügigkeit' wird vermerkt, als er in Paris für eine sehr kurze Taxifahrt nur einen Franc zu zahlen hat: *„Man kann doch einem Chauffeur, der noch dazu vielleicht russischer Offizier ist (denn das sind dort viele Wagenlenker), nicht sechzehn Pfennige geben! Wir gaben ihm also fünfundzwanzig."*[130] Im Übrigen war er offenbar davon überzeugt, dass ein Servicemitarbeiter nicht so sehr durch Geld ausgezeichnet werden kann als dadurch, dass er die Hand des Großschriftstellers drücken durfte: *„Verabschiedung von dem freundlichen Personal des Hauses, dem sympathischen jungen Chauffeur, der uns so viel gefahren 25 Pengö und Händedruck"* (Wien, Hotel Imperial, 14. Juni 1936).

Quellenangaben

98   Mann, T.: Das Eisenbahnunglück, a.a.O., S. 530.
99   Ebenda.
100 Mann, K.: Meine ungeschriebenen Memoiren, Frankfurt 1975, S. 115.
101 Ebenda, S. 116.
102 Mann, T.: Bilse und ich, in: Mann, T.: Rede und Antwort, a.a.O., S. 19.
103 Sprecher, T.: Davos in der Weltliteratur. Zur Entstehung des Zauberbergs, in: Sprecher, T. (Hrsg.): Das „Zauberberg"-Symposium 1994 in Davos, Thomas-Mann-Studien, 11. Band: Frankfurt 1995, S. 12.
104 Martens, K.: Der Roman einer Familie. Buddenbrooks. Verfall einer Familie. Das literarische Echo, in: Schröter, K.: Thomas Mann im Urteil seiner Zeit. Dokumente 1891 bis 1955, Hamburg 1969, S. 22; Mucker, F.: Thomas Mann. Zu seinem 50. Geburtstage, in: Schröter, K., a.a.O., S. 133; Wysling, H.: Der Zauberberg – als Zauberberg, in: Sprecher, T. (Hrsg.): Das „Zauberberg"-Symposium 1994 in Davos, a.a.O., S. 49.
105 Mendelssohn, P. de: Der Zauberer. Das Leben des deutschen Schriftstellers Thomas Mann, Erster Teil 1875-1918, Frankfurt 1996, S. 715-721; Heißerer, D.: Im Zaubergarten. Thomas Mann in Bayern, 2. Aufl., München 2005, S. 160.
106 Holitscher, A.: Lebensgeschichte eines Rebellen. Meine Erinnerungen, Berlin 1924, in: Schröter, K., a.a.O., S. 17.
107 Mann, K.: Meine ungeschriebenen Memoiren, a.a.O., S. 124.
108 Mann, T.: On Myself, a.a.O., S. 67; Mendelssohn, P. de: Nachbemerkungen des Herausgebers, in: Mann, T.: Frühe Erzählungen, a.a.O., S. 677-678.
109 Mann, T.: Lebensabriß 1930, in Mann, T.: Über mich selbst, a.a.O., S. 99-146.
110 Mendelssohn, P. de: Der Zauberer, a.a.O., S. 546-551.
111 Kurzke, H., a.a.O., S. 187-188; Heine, G./Schommer, P.: Thomas Mann Chronik, Frankfurt 2004, S. 43-44; Heißerer, D., a.a.O., S. 128-129; Rütten, T.: Auf der Mannschen Eisenbahn. Zur Pathogenität des Schienenverkehrs zum Zauberberg, in: Sprecher, Tho-

mas (Hrsg.): "Was war das Leben? Man wusste es nicht!" Thomas Mann und die Wissenschaften vom Menschen. Die Davoser Literaturtage 2006, Thomas-Mann-Studien, 39. Band, Frankfurt 2008, S. 157.
112 Rütten, T., a.a.O., S. 163-164.
113 zitiert in: Jens, I./Jens, W.: Frau Thomas Mann. Das Leben der Katharina Pringsheim, 2. Aufl., Reinbek bei Hamburg 2003, S. 145-146.
114 Galvan, E.: Italien und Italiener bei Thomas Mann, in: Thomas Mann Jahrbuch Band 8, Heftrich, E./Sprecher T. (Hrsg.), Frankfurt 1995, S. 136-137; Kurzke, H., a.a.O., S. 29.
115 Mann, K.: Meine ungeschriebenen Memoiren, a.a.O., S. 70.
116 Ebenda, S. 47.
117 Kurzke, H., a.a.O., S. 112; Sprecher, T.: Davos in der Weltliteratur, a.a.O., S. 23.
118 Mann, T.: On Myself, a.a.O., S. 76.
119 Sprecher, T.: Kur-, Kultur- und Kapitalismuskritik im Zauberberg, in: Sprecher, T. (Hrsg.): Auf dem Weg zum „Zauberberg". Die Davoser Literaturtage 1996, Thomas-Mann-Studien, 16. Band, Frankfurt 1997, S. 187-249.
120 Mann, K.: Meine ungeschriebenen Memoiren, a.a.O., S. 78-81; Sprecher, T.: Davos in der Weltliteratur, a.a.O.; Virchow, Ch.: Katia Mann und der Zauberberg, in: Sprecher, T. (Hrsg.): Auf dem Weg zum „Zauberberg". Die Davoser Literaturtage 1996, Thomas-Mann-Studien, 16. Band, Frankfurt 1997, S. 165-185; Kurzke, H., a.a.O., S. 300-301.
121 Mann, K., Meine ungeschriebenen Memoiren, a.a.O., S. 80-81.
122 Ebenda, S. 80.
123 Mann, T.: Tagebücher 1933-1934, hrsg. von Mendelssohn, P. de, Frankfurt 1977, S. 319 (11. Februar 1934).
124 Heine, G./Schommer, P.: a.a.O., S. 411; Mendelssohn, P. de, Vorbemerkungen des Herausgebers, in: Mann, T.: Tagebücher 1933-1934, a.a.O., S. V.
125 Vgl. zum Folgenden: Mann, T.: Tagebücher 1918-1921, hrsg. von Mendelssohn, P. de, Frankfurt 1979; Mann, T.: Tagebücher 1933-1934, a.a.O.; Mann, T.: Tagebücher 1935-1936, hrsg. von Mendelssohn, P. de, Frankfurt 1978; Mann, T.: Tagebücher 1937-1939,

hrsg. von Mendelssohn, P. de, Frankfurt 1980; Mann, T.: Tagebücher 1940-1943, hrsg. von Mendelssohn, P. de, Frankfurt 1982; Mann, T.: Tagebücher, 1944-1.4.1946, hrsg. von Jens, I., Frankfurt 1986; Mann, T.: Tagebücher 28.5.1946-31.12.1948, hrsg. von Jens, I., Frankfurt 1989; Mann, T.: Tagebücher 1949-1950, hrsg. von Jens, I., Frankfurt 1991; Mann, T.: Tagebücher 1951-1952, hrsg. von Jens, I., 2. Aufl., Frankfurt 1993; Mann, T.: Tagebücher 1953-1955, hrsg. von Jens, I., Frankfurt 1995.

126 Mann, T.: Tagebücher 1949-1950, a.a.O., S. 256 (28. August 1950).
127 Hentschel, B.: Dienstleistungsqualität aus Kundensicht: vom merkmals- zum ereignisorientierten Ansatz, Wiesbaden 1992.
128 Mann, T.: Tagebücher 1949-1950, a.a.O., S. 257.
129 Coenen, C.: Prosoziales Dienstleisterverhalten im Kundenkontakt, a.a.O.; Coenen, C.: Service Excellence durch Prosocial Service Performance, in: Gouthier, M.H.J. u.a. (Hrsg.): Service Excellence als Impulsgeber. Strategien – Management – Innovationen – Branchen, Wiesbaden 2007, S. 423-440.
130 Mann, T.: Pariser Rechenschaft, in: Mann, T.: Über mich selbst, a.a.O., S. 280.

Szene aus dem Film ‚Wälsungenblut' (1964) mit Michael Maien (Siegmund), Elena Nathanael (Sieglind), Heinz-Leo Fischer (Diener Wendelin) und Karl-Heinz Peters (Diener Florian)

© *Seitz Filmproduktion / Deutsche Kinemathek*

Zum biographischen Hintergrund II – Thomas Mann als Dienstherr

In Dienstleistungsunternehmen ist serviceorientiertes Mitarbeiterverhalten nur zu erwarten, wenn Manager Serviceorientierung nicht allein gegenüber dem Kunden glaubhaft vorleben, sondern auch eine entsprechende Haltung gegenüber ihren Mitarbeitern einnehmen. Unter diesem Gesichtspunkt ist zu beachten, dass Thomas Mann nicht nur ein anspruchsvoller (externer) Dienstleistungskunde war, sondern auch Arbeitgeber von Dienstleistungsmitarbeitern. Sein Eheleben lang stand er einem Haushalt mit einer erheblichen Anzahl von Bediensteten vor: Kinderfrauen, Hausmädchen, Köchinnen, Chauffeure; dazu Sekretäre und Sekretärinnen. Doch die damit verbundenen Führungsaufgaben gehörten nicht zu seinen Pflichten, sondern lagen allein in der Verantwortung seiner Frau Katia. Er selbst war eher eine Art interner und äußerst kritischer Chef-Kunde, der sich immer wieder über die mangelnde Leistungsqualität beklagte und sein Personal eigentlich nur bei Störungen, bei Verfehlungen und beim Ausbleiben der Dienstleistung zur Kenntnis nahm.

Wirklich positiv erlebt er Bedienstete nicht im eigenen Haus, sondern im Palais seiner vermögenden Schwiegereltern, Geheimrat Professor Dr. Alfred Pringsheim und seiner Ehefrau Hedwig, in der Münchner Arcisstraße 12. Dies wird

Thomas Mann als Dienstherr

deutlich anhand einer Tagebucheintragung am ersten Weihnachtstag des Kriegs- und Revolutionsjahres 1918, an dem die Familie Mann bei den Eltern seiner Ehefrau Katia eingeladen war: *„zum reichen und schmackhaften Weihnachtsessen. Wolf, der Diener, amtierte wieder. Vorteil der männlichen Bedienung vor der weiblichen auffallend"* (25. Dezember 1918).[131] Ähnliches ist vom Ostersonntag 1921 zu vermelden: *„Später mit der Familie in der Arcisstraße, wo im Saal gegessen wurde. Neuer, gut erzogener Diener"* (27. März 1921).

Was die amtierenden Diener auszeichnet und wie sich Thomas Mann offenbar sein Personal im Idealfall vorstellte, lässt sich besonders klar wiederum einem seiner literarischen Werke, in diesem Fall seiner Novelle *„Wälsungenblut"*, entnehmen. In der Erzählung geht es um das dekadente Zwillingspaar Siegmund und Sieglind Aarenhold aus neureicher jüdischer Industriellenfamilie, in großbürgerlichem Hause lebend, bei dessen Beschreibung Thomas Mann offensichtlich das Palais seiner Schwiegereltern Pringsheim mit seinen *„goldenen Hochrenaissance-Gesellschaftsräumen"*[132] vor Augen hat.[133] Im Rahmen der Handlung wird wiederholt das Auftreten der (männlichen) Bediensteten Wendelin und Florian beschrieben – und damit werden zugleich die Erwartungen und das personalbezogene Verhalten der Dienstherren charakterisiert:

Beim Auftischen der Suppe zum zweiten Frühstück: *„Die Suppe kam. Eine Winde, die ins Büfett mündete trug sie geräuschlos aus der Küche herab, und die Diener reichten sie um den Tisch, gebückt, mit konzentrierter Miene, in einer Art Leidenschaft des Dienens."*[134]

Nach der Beendigung des Essens: *„Die Diener sprangen herzu, die Stühle hinter ihm und Frau Aahrenhold fortzuzie-*

hen. Befehl erging, daß der Kaffee im Wintergarten gereicht werde."[135]

Bei der Abholung vom Opernbesuch: „*Als Siegmund und Sieglind aus ihrer Loge traten, stand Wendelin draußen, riesengroß in seinem gelben Paletot, und hielt ihre Überkleider bereit. Hinter den beiden zierlichen und warm vermummten, dunklen, seltsamen Geschöpfen stieg er, ein ragender Sklave, die Treppe hinab.*"[136]

Beim Eintreffen im elterlichen Hause: „*Sie ließen sich in der Halle des Erdgeschosses die Überkleider abnehmen und gingen die Treppe hinauf, durch den Vorsaal des ersten Stokkes und ins Speisezimmer. Es lag, ungeheuer, in halbdunkler Pracht. Nur über dem gedeckten Tisch am jenseitigen Ende brannte ein Lüster, und dort wartete Florian. Sie schritten rasch und lautlos über die teppichbelegte Weite. Florian schob die Stühle unter sie, als sie sich setzten. Dann bedeutete ihm ein Wink von Siegmunds Seite, er sei entbehrlich.*"[137]

So sollten wohl Hausbedienstete funktionieren, *konzentriert*, in einer *Art Leidenschaft des Dienens*, auf *Befehl* oder *Wink*, im richtigen Moment von sich aus *herzuspringend*, in der *gebückten Haltung* eines Sklaven.

Leider, aus Thomas Manns Sicht, war ein entsprechendes Verhalten immer weniger als selbstverständlich vorauszusetzen und daher immer seltener vorzufinden. Dies und den dafür verantwortlichen gesellschaftlichen Wandlungsprozess beklagt er bereits in seinen *„Betrachtungen eines Unpolitischen"*, seiner 1918, im letzten Jahr des Ersten Weltkrieges, erschienenen, leidenschaftlichen und chauvinistischen Kampf- und Bekenntnisschrift gegen Aufklärung und Republik, Verwestlichung und Demokratie. Das traditionellmenschliche patriarchalische Verhältnis zwischen Brotherren und Gesinde lasse sich seines Erachtens allenfalls noch auf Bauernhöfen finden, während in den Städten das Dienenwollende völlig verschwunden sei.[138] Für dieses Fehlen eines fraglos unterwürfigen und demütig sich unterwerfenden Personals macht er auch die Herrschaften, die Herren, verantwortlich, welche die Fraglosigkeit gesellschaftlicher Hierarchien nicht mehr glaubhaft verkörpern: *„Daß es keine Diener mehr gibt, liegt daran, dass es keine Herren mehr gibt, – will sagen, keine solchen, denen zu dienen mit gutem aristokratischen Gewissen möglich ist. Wo die Rangordnung etwas durchaus Willkürliches, Momentanes und Unbegründetes ist, kommt der Instinkt des Dienenwollens nicht mehr auf seine Kosten; und so steht es ja heute mit der Rangordnung allerdings."*[139] Eigentlich diene das Volk seiner Überzeugung nach *„gern und ohne seine Menschenwürde im mindesten beeinträchtigt zu fühlen, wo noch eine Möglichkeit besteht, mit Überzeugung zu dienen. Daß es der Frau Kommerzienrat Mayer ohne Überzeugung und also schlecht, ungetreu, unter Kundgebungen der Aufsässigkeit und nur um des Nutzens willen dient, ist nicht zu verwundern."*[140]

Angesichts dieser Einschätzung dürfte er sich eigentlich auch nicht wundern, wenn sein Hauspersonal nur um des Nutzens willen dient und auch zur Aufsässigkeit neigt, zumal er selbst in der Zeit nach dem Ersten Weltkrieg überhaupt keinen Titel vorweisen kann, der seine hierarchische Rangüberlegenheit allgemein hätte verdeutlichen können. Doch gerade in diesen Jahren häufen sich seine Klagen über das Personal, wie die Tagebuchaufzeichnungen aus den Jahren 1918–1921 zeigen.

Er berichtet über die *„Aufregung mit der viehischen Köchin"* (11. September 1918) und das Kindermädchen, das er als *„verdächtiges Fräulein"* bezeichnet (29. September 1918), die *„alte Kinderfrau, Frl. Emmi, ein ziemlich hündisches und schmutziges Frauenzimmer"* (1. März 1921) oder das schlechte Mittagessen von *„grober, diebischer Aushilfsköchin"* (14. März 1921). Er macht Katia Vorhaltungen *„wegen ihrer Schwäche gegen die Dienstboten, namentlich das vergnügungssüchtige und diebische ‚Fräulein', dem sie nicht zu kündigen wagt"* (12. Oktober 1918). Das Verhalten der Bediensteten löst bei ihm starke negative Emotionen aus: *„Empörter Ausbruch gegen das Mädchen Josefa, das sich unlustig zeigte, die Utensilien der Hebamme in deren Wohnung zurückzubringen, da kein Dienstmann zu bekommen war"* (21. April 1919); er empfindet *„Wut über Schändlichkeiten der Dienstmädchen"* (4. Juli 1919), anstrengenden *„Ärger über die Dummheit der Kinder-Muhme"* (5. September 1920) und hat einen beabsichtigten *„Zornausbruch gegen die diebische Köchin"* (7. April 1921). Angesichts der *„Widrigkeiten im Hausstand; unredliche Köchin, taubes Hausmädchen"* (6. April 1921) ist Frau Katia *„beständig in Mädchen-Kalamitäten"* (31. Oktober 1919). Kein Wunder, dass sie sich immer wieder um neues Personal bemühen muss, etwa *„weil die verrückte, schimpfsüchtige und gewalttätige Köchin Knall und Fall entlassen"* wurde (22. November 1919). Beispielsweise wird im Tagebucheintrag des 1. Juni 1921 der Eintritt von drei neuen Mädchen gemeldet, zwei Zimmermädchen und einer kochenden *„Stütze"*. Doch 14 Tage später ist es auch mit ihnen wieder vorbei: *„Neue Kündigung aller Dienstboten. Ekel und Haß auf das nichtswürdige Gesindel"* (15. Juni 1921).

Die Haltung ist eindeutig und ganz einseitig. Der Thomas-Mann-Biograph Hermann Kurzke bringt sie auf den

Punkt: *"Nirgends gibt es Verständnis für die Lage der Hausangestellten. Vielleicht hätte er sie nur besser bezahlen müssen, um ihre Dienstwilligkeit zu erhöhen?"*[141]

Auf diese Idee ist im Hause Mann offenbar keiner gekommen. Wie bei ihrem Gatten beschränkte sich auch Katia Manns *"Interesse für einen dienstbaren Geist ausschließlich auf den Aspekt seiner Nützlichkeit"*.[142] Auch die Kinder übernahmen diese Herrenmensch-Attitüde fraglos und völlig unkritisch, obwohl sich um sie herum die Welt geändert hatte: der Kaiser im Exil, die Republik ausgerufen, den Frauen Wahlrecht eingeräumt – in dieser Zeit hätte man darauf kommen können, dass Menschenrecht und Menschenwürde selbst für das Dienstpersonal gelten. Aber auch von den Mann-Kindern werden die Bediensteten mit Ausnahme bestimmter – und selbstverständlich sehr abfällig-kritisch charakterisierter – Kinderfrauen gar nicht als menschliche Individuen mit eigener Identität angesehen, wie Klaus Mann, der älteste Sohn Thomas Mann, dies in seinem autobiographischen Buch *"Der Wendepunkt"* mit Stolz zum Ausdruck bringt. Für ihn und seine Geschwister als bürgerliche Arbeitgeber-Kinder sind die Bediensteten gar nicht zu unterscheiden. Im Umgang mit ihnen reicht es auch aus, sich allenfalls einen Vornamen für eine ganze Bediensteten-Kategorie zu merken: *"Köchinnen kommen und gehen (sie heißen meistens Fanny, aber es sind doch immer wieder andere)."*[143] Die Hausangestellten sind zwar unentbehrlich – wer sollte sonst wohl die Suppe kochen oder die Kinderbetten machen –, aber angestellt ist nur eine Funktion, keine Person, so dass auch eine Auswechslung der Funktionserfüllerin gar nicht auffällt. Insofern ist es durchaus konsequent, das Klaus Mann die Bediensteten mit dem Wort „*Ding*" kennzeichnet: „*Die Fanny kocht die Suppe, die Affa deckt den Tisch. Die Fanny ist weniger wichtig als die Affa, aber beide sind unentbehrlich. So auch die dritte Magd, das Hausmädchen. Sie mag noch so häufig kündigen: die kosmische Ordnung sorgt für eine Nachfolgerin, die mit der Vorgängerin fast identisch scheint. Es ist immer das gleiche plumpe Ding vom Lande, aus Passau oder Ingolstadt, die unsere Betten macht.*"[144] Und als ob es möglich gewesen wäre, diese Aussage misszuverstehen, wird der Sachverhalt noch einmal in einem Kernsatz endgültig zusammengefasst: „*Sie waren alle gleich.*"[145]

Gleich waren die Bediensteten nach Klaus Manns Wahrnehmung nicht nur in Bezug auf Äußerlichkeiten und Funktion, sondern auch darin, dass sie den Mann'schen Haushalt auf freche Weise einer unvorteilhaften vergleichenden Bewertung unterzogen: „*Alle schwelgten sie in der Erinnerung an einen idealen Haushalt, dem sie einst in führender Stellung angehört hatten, das Palais eines ehrwürdigen Barons oder Kommerzienrates, wo es zugleich sittsam und lustig zugegangen war. Alle bemerkten sie mit demselben gönnerhaften Lächeln, daß unsere Eltern ‚sehr interessante Menschen' seien, wobei sie diskret auf den Unterschied anspielten, der zwischen Bohemewirtschaft und dem tadellosen Haushalt des Kommerzienrates nun einmal leider bestand.*"[146] Der Ärger des Mann-Kindes („*Herr Klaus*"[147]) über diese Intransigenz des Personals ist verständlich, haben die Bediensteten doch durchaus eine gesellschaftliche Rangordnung vor Augen und sehen den Mann-Haushalt weit unter der Welt eines Kommerzienrats, also ausgerechnet der Position, die Thomas Mann in den „*Betrachtungen eines Unpolitischen*" gerade als Beispiel für Menschen von niedrigerem Rang angegeben hatte, die keinen ernsthaften Anspruch auf dienendes Verhalten erheben dürfen.

Klaus Mann berichtet allerdings auch von zwei gravierenden negativen Erfahrungen mit namentlich genannten Mitarbeitern des Hauses. Der erste Fall betrifft das Kindermädchen, Josepha Kleinsgütl (genannt ‚Affa'), die von 1905 bis 1918 im Hause Mann tätig war und über lange Zeit raffinierte Diebstähle begangen haben soll. Klaus Mann, der zum Zeitpunkt des Vorfalls etwa elf Jahre alt war, schildert sehr ausführlich und im Detail einschließlich der Dialoge den Kriminalfall. Ständig war im Hause Mann etwas verschwunden, so dass am Ende der Verdacht auf Josepha fiel. In dem anhebenden lautstarken Streit griff Thomas Mann ausnahmsweise höchst persönlich ein: *„Irritiert von dem höchst unzivilisierten Lärm, stieg er ins Kellergeschoß hinab, was seit Menschengedenken nicht geschehen war."*[148] Bei der dann gegen den Willen des Dienstmädchens vorgenommenen Durchsuchung ihres Zimmers fand sich tatsächlich eine Fülle der verloren geglaubten Gegenstände. Aber Affa stritt alles ab, behauptete, alles sei ihr Eigentum, und als im Streit um die aufgefundenen Flaschen Burgunderweins Affa sogar gegen Thomas Mann handgreiflich wurde, war das Undenkbarste geschehen, gleichsam eine hausinterne proletarische Revolution. Der Vorfall hatte ein gerichtliches Nachspiel, bei dem es Josepha Kleinsgütl zum Leidwesen der Familie gelang, mittels eines großen Auftritts zu überzeugen und den Prozess zu gewinnen.[149]

Wesentlich schlimmer war die Erfahrung mit dem Chauffeur des Hauses, Hans Holzner, der sich als Spitzel der Nazis erwies und im Jahre 1933 den Koffer mit Thomas Manns brisanten Tagebüchern nicht – wie versprochen –

zur Bahn, sondern direkt zur Münchner Politischen Polizei im Braunen Haus brachte. Glücklicherweise für den stark beunruhigten Thomas Mann konnte der Koffer vom eingeschalteten Rechtsanwalt Heins wieder ausgelöst und in die Schweiz verbracht werden.[150]

Auch während der Exiljahre in der Schweiz und in den USA gab es bisweilen massiven und oft leichten Ärger mit dem Personal. Allerdings wird die wiederum recht große Bedienstetenschar auch in diesen Jahren kaum erwähnt, und namentlich nur dann, wenn ihr klare Verfehlungen zuzuordnen sind. Ansonsten ist meist nur generell in farblichen Kategorien von den *„Schwarzen"* (25. Mai 1948), *„Gelben"* (2. Juli 1947) oder dem *„gemischten Couple"* (25. November 1949) die Rede. So hat sich zwar Thomas Mann inzwischen zum überzeugten und engagierten Demokraten gewandelt, seine Sichtweise auf die Bediensteten bleibt aber unverändert.

In Princeton standen den Manns das schwarzen Dienstbotenehepaar Lucy und John Long sowie Lucys Bruder Horatio zur Verfügung. Von John und Horatio weiß man, dass sie bei den Mahlzeiten *„weiß-bejackt"*[151] servierten und somit auch den gehobenen Lebensstil der Familie präsentierten. In Thomas Manns Tagebüchern liest man nur etwas über ihre tadelswerten Versäumnisse: *„Kaltes Haus, da die Schwarzen vor Ausgang die Heizung vernachlässigt"* (12. Januar 1939); *„Machte John Vorhaltungen wegen des Boiler"* (6. Oktober 1939). In Pacific Palisades wird später ein deutsches Emigrantenpaar eingestellt, das aber auch sehr bald Anlass zur Verärgerung gibt: *„Blödes und empörendes Benehmen des Emigranten-Couple. Widrige Leute, bald zu beseitigen"* (23. Februar 1942);[152] *„Kündigung des widri-*

gen Emigrantenpaars zum 15., worauf sie erklärten, schon morgen früh zu gehen" (24. Februar 1942). Am 26. Februar 1942 tritt die Wienerin Marianne als Köchin ihren Dienst an. Einen Tag später vermerkt Thomas Mann *„Zufriedenheit"* mit ihr, doch schon am 4. März heißt es wieder: *„Die Wiener Köchin geht."* Auch das anschließend eingestellte schwarze Couple geht bald, so dass das alte Klagelied erklingt: *„Über die Dienstboten-Calamität, die K. sehr bedrückt"* (24. Juli 1942). Und diese ‚Calamität' bedrückt nicht nur seine Frau Katia, sondern löst auch beim Hausherrn immer wieder wilde negative Emotionen aus: *„Angewidert von der hirnlosen Unordentlichkeit des Mädchens Charlotte. Man muß sich ihrer entledigen"* (14. August 1953); *„Endgültige Kündigung der verhaßten Charlotte"* (31. August 1953).

Wiederholte besondere Erwähnung finden allerdings die Folgen, die sich aus der hohen Fluktuation und der daraus resultierenden Abwesenheit des Personals ergeben, nämlich die Notwendigkeit, dass ein Familienmitglied oder gar Thomas Mann zeitweise selbst Hand anlegen muss. So heißt es beispielsweise: *„Ohne Bedienung, Frühstück mit Hilfe der Kinder"* (2. August 1942), *„Mahlzeit von Erika* [Thomas Manns ältester Tochter] *bereitet"* (8. August 1942) oder sogar: *„Mein Frühstück selbst bereitet"* (2. Mai 1943).

Die Haltung von Thomas Mann in seiner Rolle als Dienstherr ist also konsequent immer die gleiche geblieben. Er erwartet einwandfreies, hundertprozentiges Funktionieren, exzellente Qualität und Respekt, sieht aber selbst die in seinem Haus lebenden Mitarbeiter kaum als Menschen mit eigenen Bedürfnissen und Rechten. Er fühlt sich als Opfer ihrer Mängel (oder ihrer Abwesenheit), stellt aber keine Gedanken darüber an, wie sich die Mitarbeiter fühlen und ob sie gute Gründe haben, das vornehme Haus oft nach relativ kurzer Zeit wieder zu verlassen. Von Respekt in Bezug auf die Mitarbeiter, von Lob und Anerkennung ist kaum die Rede. Eine dieser seltenen Erwähnungen gilt der Hausdame Maria Kurz, die dafür sorgte, dass ein Teil des Münchner Familienbesitzes gerettet und in die Schweiz transferiert werden konnte: *„Das Mädchen Maria beging ihr 10jähriges Dienstjubiläum bei uns, erhielt Geschenke und meine Photographie"* (1. Juni 1936).

Es ist offensichtlich, dass Dienstleistungsmanager von Thomas Mann als Dienstherr direkt nichts lernen können. Zum einen ist der Umgang mit Haushaltshilfen nur bedingt mit der Führung von Dienstleistungsorganisationen vergleichbar, da im Haushalt ‚Management'- und Kundenrolle zusammenfallen und Thomas Mann zudem die Managementrolle allenfalls im Ausnahmefall angenommen hat. Zum anderen aber, und das ist entscheidender, hat sich seine Haltung gegenüber den Mitarbeitern als dysfunktional erwiesen, weil sie offenbar zu Qualitätsmängeln und (interner) Kundenunzufriedenheit geführt hat. Insofern kann man in diesem Fall von Thomas Mann nur indirekt, in Abgrenzung lernen. Die Dienstleistungsforschung hat belegt, dass ein serviceorientiertes Verhalten von Mitarbeitern gegenüber Kunden meist nur dort festzustellen ist, wo Mitarbeiter auch unternehmensintern Serviceorientierung erleben. Dies erfordert von Managern ein ausgeprägtes Bewusstsein von der Relevanz der Mitarbeiter für Kundenzufriedenheit und ökonomischen Unternehmenserfolg im Dienstleistungsbetrieb und die aktive und konsequente Umsetzung einer organisationsinternen Serviceorientierung in Bezug auf Struktur, Führung, Systeme und Kultur.

LEKTION 27

Interne organisationale Serviceorientierung[153]

Die Implementierung von Serviceorientierung im Unternehmen verlangt ein integriertes Konzept, das zentrale Aspekte der Struktur, der Führung, der Systeme und der Unternehmenskultur umfasst:

(1) In Bezug auf die *Organisationsstruktur* geht es darum, dass sich die internen Produzenten als Dienstleister begreifen und dementsprechend die Qualität ihrer Leistungen auf die Erwartungen ihrer Kunden ausrichten und dementsprechend durchgehend interne Kunden-Lieferanten-Beziehungen geschaffen werden.

(2) Ein wesentliches Element der internen organisationalen Serviceorientierung liegt in der *Führung* durch Vorgesetzte. Führungskräfte fungieren als Rollenmodell und können ein serviceorientiertes Verhalten ihrer Mitarbeiter nur erwarten, wenn sie selbst Serviceorientierung glaubhaft vorleben. Zudem beeinflussen sie mit ihrem konkreten Führungsverhalten in Verbindung mit den von ihnen eingesetzten Anreiz- und Kommunikationsinstrumenten wesentlich Motivation, Zufriedenheit und Leistungsbereitschaft der Mitarbeiter.

(3) Zu den für die Verwirklichung von Serviceorientierung besonders relevanten *Systemen* gehören primär das Personalmanagementsystem und das interne Kommunikationssystem. Das *Personalmanagementsystem* umfasst die klassischen Aufgaben der Personalpolitik, die konsequent im Hinblick auf serviceorientierte Erfordernisse einzusetzen sind. Dementsprechend müssen sich Personalauswahl, -einsatz und -entwicklung an

serviceorientierten Zielen orientieren und die Zielerreichung muss im Rahmen einer konsistenten Anreizpolitik mit materiellen und immateriellen Belohnungen verknüpft sein. Darüber hinaus ist den Mitarbeitern so viel Autonomie und Entscheidungskompetenz zuzuweisen (‚empowerment'), dass es ihnen möglich ist, individuell und situationsgerecht auf Kundenwünsche einzugehen. Zusätzlich sind mit Hilfe eines internen *Kommunikationssystems* die verschiedenen Formen der internen Individualkommunikation (wie Trainings, Mitarbeitergespräche) oder Massenkommunikation (wie Intranet, Mitarbeiterzeitschriften) zur Förderung der Serviceorientierung einzusetzen.[154]

(4) In der *Unternehmenskultur* konkretisieren sich die gemeinsamen Wertvorstellungen und Normen innerhalb eines Unternehmens, die das Denken, die Entscheidungen und das Verhalten der Mitarbeiter beeinflussen. Deshalb muss der Wert der Serviceorientierung zentral in der Unternehmenskultur verankert sein, um die entsprechende Struktur, die Führung und die Systeme zu fundieren und serviceorientiertes Denken und Handeln zu fördern. Dementsprechend gilt es, der Serviceorientierung in Unternehmensleitbild und Führungsgrundsätzen einen hohen Stellenwert einzuräumen, diese aber auch durch die Gestaltung des physischen Umfeldes, durch Symbole und ein entsprechendes Verhalten vielfältig zum Ausdruck zu bringen.

THOMAS MANN ALS DIENSTHERR

QUELLENANGABEN

131 Vgl. zu den Tagebuchquellen Anmerkung 125.
132 Mann, T.: Lebensabriß 1930, a.a.O., S. 119.
133 Jens, I./Jens, W., a.a.O., S. 75; Klüger, R.: Thomas Manns jüdische Gestalten, in: Detering, H./Stachorski, S.: Thomas Mann. Neue Wege der Forschung, Darmstadt 2008, S. 118-131; Heißerer, D., a.a.O., S. 124.
134 Mann, T.: Wälsungenblut, in: Mann, T.: Frühe Erzählungen, Gesammelte Werke in Einzelbänden, Frankfurter Ausgabe, hrsg. von Mendelssohn, P. de, Frankfurt 1981, S. 496.
135 Ebenda, S. 503.
136 Ebenda, S. 518.
137 Ebenda, S. 520.
138 Mann, T.: Betrachtungen eines Unpolitischen, Gesammelte Werke in Einzelbänden, Frankfurter Ausgabe, hrsg. von Mendelssohn, P. de, Frankfurt 1983, S. 484-485.
139 Ebenda, S. 485.
140 Ebenda.
141 Kurzke, H. : Thomas Mann, a.a.O., S. 292.
142 Jens, I./Jens, W., a.a.O., S. 117.
143 Mann, K.: Der Wendepunkt. Ein Lebensbericht, Reinbek bei Hamburg, erweiterte Neuausgabe 2006, S. 35.
144 Ebenda, S. 39.
145 Ebenda, S. 42.
146 Ebenda, S. 42-43.
147 Ebenda, S. 390.
148 Ebenda, S. 94.
149 Ebenda, S. 92-99.
150 Mann, G.: Erinnerungen und Gedanken. Eine Jugend in Deutschland, Frankfurt 1986, S. 522-527; Kurzke, H., a.a.O., S. 396-397; Mann, K., Wendepunkt, a.a.O., S. 389-390; Mendelssohn, Vorbemerkungen, a.a.O., S. IX-XIII.
151 Mann, K., Meine ungeschriebenen Memoiren, a.a.O., S. 121.
152 Vgl. auch Mann, T.: Brief an seine Tochter Erika vom 24. Februar 1942, in: Mann, E.: Mein Vater der Zauberer, hrsg. von Lühe, I. von der und Naumann, U., Reinbek bei Hamburg 1998, S. 165.

153 Stauss, B./Bruhn, M.: Serviceorientierung im Unternehmen – Eine Einführung in die theoretischen und praktischen Problemstellungen, in: Bruhn, M./Stauss, B. (Hrsg.): Serviceorientierung im Unternehmen, Wiesbaden 2010, S. 3-32.

154 Bruhn, M.: Internes Marketing als Forschungsgebiet der Marketingwissenschaft: Eine Einführung in die theoretischen und praktischen Probleme, in: Bruhn, M. (Hrsg.): Internes Marketing: Integration der Kunden- und Mitarbeiterorientierung – Grundlagen, Implementierung, Praxisbeispiele, 2. Aufl., Wiesbaden 1999, S. 15-44; Stauss, B.: Internes Marketing als personalorientierte Qualitätspolitik, in: Bruhn, M./Stauss, B. (Hrsg.): Dienstleistungsqualität, 3. Aufl., Wiesbaden 2000, S. 203-222.

Thomas Mann im Hotel Adlon, Berlin (1929) auf der Reise nach Stockholm, um den Nobelpreis für Literatur in Empfang zu nehmen
© Bundesarchiv: Bild 183-H27032

Epilog: Zusammenfassung der Lektionen – Die 4 Service-Ps

Thomas Manns exakte Beobachtungen von Dienstleistungssituationen und selbst seine von ihm tagebuchartig dokumentierten Erfahrungen als externer und interner Dienstleistungskunde bestätigen und illustrieren auf beeindruckende Weise die Erkenntnisse der modernen Dienstleistungsforschung. Sie zeigen, dass sich die charakteristischen Merkmale einer Dienstleistung, nämlich ihre Immaterialität (oder Intangibilität) und die Kundenbeteiligung an der Leistungserstellung (Integrativität) unmittelbar auf das Kundenverhalten auswirken und damit auch spezifische Anforderungen an das Dienstleistungsmanagement stellen.

Im herkömmlichen Sachgütermarketing hat man das für nötig erachtete Instrumentarium des Marketing-Mix unter dem Kürzel der ‚4 Ps' zusammengefasst, wobei diese Ps für Price (Preismanagement), Promotion (Kommunikationsmanagement), Product (Produktmanagement) und Place (Distributionsmanagement) stehen. Dieser Marketing-Mix hat generelle Bedeutung und ist insofern ebenso für das Management von Dienstleistungen relevant, auch wenn die spezifischen Dienstleistungsmerkmale eine Modifikation des Instrumentaleinsatzes bedingen.[155] Doch wie die Beispiele aus Thomas Manns Novellen und Romanen zeigen, erfordert ein adäquates Dienstleistungsmanagement weit mehr als eine geringfügige Änderung eines

Epilog

bekannten Instrumentariums. Es bedarf einer grundlegenden instrumentellen Ergänzung, weil das traditionelle Konzept die wesentlichen Aspekte des Dienstleistungskonsums gar nicht erfasst und somit zentrale Handlungsnotwendigkeiten ausblendet. Wo würde im Rahmen der klassischen 4 Ps *Tonio Krögers* Erleben beim Hotel-Check-in reflektiert, wo das Auftreten von Problemkunden wie im *„Eisenbahnunglück",* wo die Wirkung des physischen Umfeldes auf *Felix Krull,* wo Aspekte der Zufriedenheitsdynamik während des Ferienaufenthalts der Familie aus *„Mario und der Zauberer",* wo die Effekte von Mitkunden auf die wahrgenommene Dienstleistungsqualität und die Besonderheiten des kundenseitigen Zeiterlebens auf dem *„Zauberberg"*? Eine Ansammlung von rhetorischen Fragen, die alle nur eine Antwort haben: nirgendwo. Damit das Marketing die relevanten dienstleistungsspezifischen Aspekte in den Blick und in den Griff bekommt, ist es erforderlich, die generellen 4 Ps um das Instrumentenbündel der 4 Service-Ps zu ergänzen und sich damit aufgrund des umfassenderen Ansatzes auch vom Dienstleistungsmarketing zum Dienstleistungsmanagement weiterzuentwickeln. Die 4 Service-Ps sind: Physical Evidence (Umfeldmanagement), Process (Prozessmanagement), Participating Customers (Kundenmanagement) und People (Personalmanagement).[156]

Diesen Instrumenten der 4 Service-Ps sind die am Beispiel von Thomas Mann aufgeführten Lektionen zuzuordnen:

Epilog

Physical Evidence (Umfeldmanagement)

1. Immaterielle Dienstleistungen weisen einen geringen Anteil an Suchqualitäten, aber einen hohen Anteil von Erfahrungs- und Vertrauensqualitäten auf. Deshalb verspürt der Dienstleistungskunde ein vergleichsweise hohes Kaufrisiko *(Lektion 6: Such-, Erfahrungs- und Vertrauensqualität)*.
2. Da Kunden die Qualität der immateriellen Dienstleistung in der Vorkaufphase nicht beurteilen können, verwenden sie die erkennbaren materiellen Elemente (wie das Erscheinungsbild der Mitarbeiter oder das physische Umfeld) als Schlüsselinformationen *(Lektion 7: Erscheinungsbild der Mitarbeiter als Schlüsselinformation)*.
3. Das physische Umfeld einer Dienstleistung liefert dem Kunden nicht nur Schlüsselinformationen über das Dienstleistungsunternehmen und die Qualität seines Angebots. Zudem beeinflusst es durch die Art seiner Gestaltung die Effizienz des Leistungserstellungsprozesses. Insofern ist es Aufgabe des Umfeldmanagements, das physische Umfeld so zu gestalten, dass die angestrebte Qualitätsposition kommuniziert sowie Kunden und Mitarbeitern eine optimale Aufgabenerfüllung ermöglicht wird *(Lektion 11: Physisches Umfeld der Leistungserstellung)*.

Processes (Prozessmanagement)

1. Dienstleistungen werden vom Kunden als Prozess erlebt. Mit Hilfe des Blueprinting ist es möglich, den von den Kunden wahrgenommenen Prozess strukturiert zu

erfassen, zu analysieren und zu optimieren *(Lektion 3: Blueprinting)*.
2. Die Integration des Kunden verlangt von diesem den Einsatz von Zeit. Insofern sind Dienstleistungen als Zeitverwendungsangebote zu interpretieren, wobei grundsätzlich zwischen Zeitspar- und Zeitinvestitionsangeboten zu unterscheiden ist *(Lektion 23: Dienstleistungen als Zeitverwendungsangebote)*.
3. Für eine kundengerechte Gestaltung des Prozesses muss der Dienstleister die beim Dienstleistungskonsum für den Kunden anfallenden zeitlichen Kosten und Nutzen kennen. Dabei ist zwischen Transfer-, Abwicklungs-, Transaktions- und Wartezeiten zu differenzieren *(Lektion 24: Zeitausgaben und Zeitkonzepte der Dienstleistungskunden)*.
4. Wartezeiten vor, während oder nach dem Dienstleistungsprozess werden als besonders bedrückend und lang empfunden und sind insofern möglichst gering zu halten. Wenn Wartezeiten aber nicht vermieden werden können, so ist deren negative Wahrnehmung zu verringern, indem man eine Differenzierung nach dem Wert der Dienstleistung vornimmt, die Kunden über Gründe und Dauer der Wartezeit informiert, Aktivitätsmöglichkeiten schafft sowie Ängste und Irritationen abbaut *(Lektion 25: Determinanten der Wahrnehmung von Wartezeiten)*.

PATICIPATING CUSTOMERS (KUNDENMANAGEMENT)

1. Dienstleistungskunden beurteilen die Qualität einer Dienstleistung anhand von zehn Dimensionen: Kompe-

Epilog

tenz, Verlässlichkeit, Einsatzbereitschaft, Erreichbarkeit, Glaubwürdigkeit, Sicherheit, Kommunikation, Zuvorkommenheit, Empathie und Materielle Elemente *(Lektion 2: Dimensionen der Dienstleistungsqualität).*

2. Kunden beurteilen einen Dienstleister im Hinblick auf Routine- und Ausnahmequalität. Deshalb sollten Dienstleister nicht nur einen exzellenten Service in Routinesituationen liefern, sondern auch auf eine schnelle Reaktion in Ausnahmesituationen vorbereitet sein *(Lektion 5: Routine- und Ausnahmequalität).*

3. Da der Kunde eine Dienstleistung innerhalb eines Prozesses wahrnimmt, beeinflusst die (Un-)Zufriedenheit mit einer Episode die (Un-)Zufriedenheit mit den Folgeepisoden *(Lektion 15: Zufriedenheitsdynamik).*

4. Wie der Kunde die einzelnen Episoden des Kundenprozesses erlebt, kann mit Hilfe der Sequentiellen Ereignismethode ermittelt werden *(Lektion 4: Sequentielle Ereignismethode).*

5. Das Verhalten von Kunden wird wesentlich durch besonders positive oder negative Erlebnisse (‚Kritische Ereignisse') bestimmt. Deshalb kommt es darauf an, diese mit Hilfe der Methode der Kritischen Ereignisse zu erheben und dabei auch festzustellen, welche Leistungsmerkmale aus Kundensicht zu den Minimum- bzw. Werterhöhungsqualitäten gehören *(Lektion 17: Die Methode der Kritischen Ereignisse).*

6. Die Mehrheit der unzufriedenen Kunden beschwert sich nicht, so dass Unternehmen meist nur die Spitze des Unzufriedenheits-Eisbergs kennen. Wesentliche Einflussgrößen, welche die Neigung eines unzufriedenen Kunden zur Beschwerdeartikulation beeinflussen, sind

die Beschwerdekosten, die Erfolgswahrscheinlichkeit sowie bestimmte Produkt- und Problemmerkmale *(Lektion 16: Beschwerdeneigung)*.
7. Um Probleme zwischen heterogenen Kundengruppen zu vermeiden bzw. zu verringern, bedarf es des Einsatzes eines Kompatibilitätsmanagements, das dafür sorgt, dass Kunden zueinander passen und sich verträglich verhalten *(Lektion 21: Kompatibilitätsmanagement)*.
8. Dienstleister müssen mit dem Auftreten von Problemkunden (‚jaycustomers') rechnen, die durch besonders auffälliges, unkooperatives und normverletzendes Verhalten den Dienstleistungsprozess stören *(Lektion 8: Problemkunden – ‚jaycustomers')*.
9. Die Konfrontation mit Problemkunden hat für Mitarbeiter negative psychologische, emotionale, verhaltensbezogene und körperliche Folgen *(Lektion 9: Negative Effekte von Problemkunden auf Mitarbeiter)*.
10. Wenn Problemkunden mit ihrem Verhalten die Würde des Mitarbeiters verletzten, verlieren sie den Anspruch auf kundenorientierte Behandlung. Mitarbeiter und Management sind in diesen Fällen berechtigt, sich gegen ein solch unethisches Verhalten zu verwahren und Kundenansprüche zurückzuweisen *(Lektion 10: Das ethische Dilemma der Kundenorientierung)*.

PEOPLE (PERSONALMANAGEMENT)

1. Jeder Dienstleistungskontakt ist ein ‚Augenblick der Wahrheit', der darüber entscheidet, ob ein Kunde zufrieden ist und loyal bleibt oder unzufrieden den Dienstleister verlässt. Dabei sind die persönlichen Kontakte

Epilog

mit den Mitarbeitern des Dienstleisters von besonderer Bedeutung *(Lektion 1: Augenblick der Wahrheit)*.

2. Dienstleistungsinteraktionen zwischen Kunden und Mitarbeiter sind Rollenspiele. Sie laufen umso unproblematischer ab, je mehr die Drehbücher der Beteiligten einander gleichen und diese sich rollenkonform, d.h. erwartungsgemäß, verhalten *(Lektion 12: Dienstleistungsinteraktionen als Rollenspiele)*.
3. Wenn Mitarbeiter widersprüchlichen Erwartungen von Managern und Kunden ausgesetzt sind, liegen Rollenkonflikte vor, die ernsthafte Stressfaktoren darstellen und sich negativ auf Wohlbefinden und Arbeitsqualität der Mitarbeiter auswirken *(Lektion 22: Rollenkonflikte)*.
4. Mit zunehmender Internationalisierung und Globalisierung nimmt die Zahl interkultureller Dienstleistungskontakte zu, in denen Kunden und Mitarbeiter unterschiedlichen Kulturkreisen angehören *(Lektion 18: Interkulturelle Dienstleistungskontakte)*.
5. In interkulturellen Dienstleistungskontakten kommt es zu Anbieterleistungslücken, wenn Mitarbeiter des Dienstleisters nicht die kulturell geprägten Erwartungen ausländischer Kunden erfüllen können. Um die daraus resultierenden Konflikte zu reduzieren, bedarf es des Einsatzes vorbeugender Maßnahmen wie interkultureller Trainings *(Lektion 19: Interkulturelle Anbieterleistungslücke)*.
6. Analog entstehen interkulturelle Nachfragerleistungslücken, wenn ausländische Kunden mit ihrem kulturell geprägten Verhalten nicht die Erwartungen einheimischer Dienstleistungsmitarbeiter erfüllen. Auch hier ist das Konfliktpotenzial durch situative Vorbereitung der Mitarbeiter sowie frühzeitige Kommunika-

tion des erwarteten Rollenverhaltens an die ausländischen Kunden zu verringern *(Lektion 20: Interkulturelle Nachfragerleistungslücke)*.
7. Für die zielorientierte Beeinflussung einer Interaktion bedarf es der Fähigkeit, nicht nur das Verhalten des anderen Rollenspielers vorherzusagen, sondern auch dessen Erwartungen an das eigene Rollenverhalten zu antizipieren *(Lektion 13: Perspektivenübernahme)*.
8. Kunden haben nicht nur spezifische Anforderungen an die Dienstleistungsqualität (leistungsbezogene Erwartungen), sondern auch bedürfnisbezogene Erwartungen, wie sie als Menschen in der Interaktion von den Mitarbeitern behandelt werden wollen. Dazu gehören vor allem die Bedürfnisse nach Achtung und Respekt, Gerechtigkeit bzw. Fairness *(Lektion 14: Leistungs- und bedürfnisbezogene Erwartungen an Interaktionen mit dem Dienstleister)*.
9. Um Kunden in Interaktionen außerordentlich zufriedenzustellen bzw. zu begeistern, bedarf es Mitarbeiter, die freiwillig zum Nutzen des Kunden ‚mehr' als nötig tun, die also ein ‚prosoziales Dienstleisterverhalten' zeigen *(Lektion 26: Prosoziales Dienstleisterverhalten)*.
10. Externe Kundenorientierung von Mitarbeitern setzt die umfassende Implementierung von Serviceorientierung im Unternehmen voraus. Dies verlangt ein integriertes Konzept, das zentrale Aspekte der Struktur, der Führung, der Systeme und der Unternehmenskultur umfasst *(Lektion 27: Interne organisationale Serviceorientierung)*.

Epilog

Vor fast hundert Jahren hat Thomas Mann in seinen *„Betrachtungen eines Unpolitischen"* das Verschwinden des Dienenwollens beklagt und festgestellt: *„Daß es keine Diener mehr gibt, liegt daran, dass es keine Herren mehr gibt."*[157] Die Zeiten haben sich geändert, die Klagen über mangelhaften Service und mangelnde Servicebereitschaft von Mitarbeitern sind geblieben bzw. sind inzwischen eher verbreiteter oder stärker geworden. In der heutigen modernen Dienstleistungswirtschaft ist allerdings kein Bedarf mehr an untertäniger Dienerschaft in gebückter Haltung, sondern es bedarf kompetenter, eigenständig denkender und handelnder Mitarbeiter, die gern und auf partnerschaftliche Weise den Kunden zu Diensten sein wollen, und es bedarf eines konsistenten Servicemanagements, wie dies in den Lektionen zu den 4 Service-Ps zum Ausdruck kommt. Sollten Kunden in der heutigen Dienstleistungswirtschaft solche Mitarbeiter kaum antreffen oder an anderen Mängeln der Dienstleistungsqualität leiden, dann ist das auf Defizite im Dienstleistungsmanagement zurückzuführen. In positiver Wendung und in Variation des zitierten Thomas Mann-Worts kann man aber auch sagen: *Dass es guten Service gibt, liegt daran, dass Führungskräfte die Lektionen zum Dienstleistungsmanagement kennen und diese Erkenntnisse alltäglich anwenden.*

Epilog

Quellenangaben

155 Stauss, B.: Dienstleistungsmarketing – eine Herausforderung für alle Unternehmen, in: Küting, K./Noack, H.-Ch. (Hrsg.): Der große BWL-Führer, Frankfurt 2003, S. 200-202.
156 Ebenda, S. 202-204.
157 Mann, T.: Betrachtungen eines Unpolitischen, a.a.O., S. 485.

LITERATURVERZEICHNIS

Berry, L.L.: Big ideas in services marketing, in: The Journal of Consumer Marketing, 3. Jg. 1993, Nr. 2, S. 47-51.

Bitner, M.J.: Evaluating service encounters: The effects of physical surroundings and employee responses, in: Journal of Marketing, 54. Jg. 1990, Nr. 2, S. 69-82.

Bitner, M.J.: Servicescapes: The impact of physical surroundings on customers and employees, in: Journal of Marketing, 56. Jg. 1992, Nr. 4, S. 57-71.

Boyd, C.: Customer violence and employee health and safety, in: Work, Employment and Society, 16. Jg. 2002, Nr. 1, S. 151-169.

Bruhn, M.: Internes Marketing als Forschungsgebiet der Marketingwissenschaft: Eine Einführung in die theoretischen und praktischen Probleme, in: Bruhn, M. (Hrsg.): Internes Marketing: Integration der Kunden- und Mitarbeiterorientierung – Grundlagen, Implementierung, Praxisbeispiele, 2. Aufl., Wiesbaden 1999, S. 15-44.

Bruhn, M./Mayer-Vorfelder, M.: Entwicklungstendenzen der Forschung zum Dienstleistungsmarketing. Eine Literaturanalyse der Jahre 2000 - 2008, in: Die Unternehmung, 63. Jg. 2009, Nr. 4, S. 441-464.

Bruhn, M./Murmann, B.: Perspektivenwechsel bei Dienstleistungsunternehmen mit multiplen Kundenkontakten, in: Marketing ZFP, 21. Jg. 1999, Nr. 4, S. 284-296.

Coenen, C.: Prosoziales Dienstleisterverhalten im Kundenkontakt, Wiesbaden 2005.

Coenen, C.: Service Excellence durch Prosocial Service Performance, in: Gouthier, M.H.J. u.a. (Hrsg.): Service Excellence als Impulsgeber. Strategien – Management – Innovationen – Branchen, Wiesbaden 2007, S. 423-440.

Danaher, P.J./Mattsson, J.: Customer satisfaction during the service delivery process, in: European Journal of Marketing, 28. Jg. 1994, Nr. 5, S. 4-16.

Fisk, R.P./Brown, S.W./Bitner, M.J.: Tracking the evolution of the services marketing literature, in: Journal of Retailing, 69. Jg. 1993, Nr. 1, S. 61-103.

Literaturverzeichnis

Galvan, E.: Italien und Italiener bei Thomas Mann, in: Heftrich, E./Sprecher, T. (Hrsg.): Thomas Mann Jahrbuch Band 8, Frankfurt 1995, S. 109-138.

Harris, L.C./Reynolds, K.L.: The consequences of dysfunctional customer behavior, in: Journal of Services Research, 6. Jg. 2003, Nr. 2, S. 144-161.

Harris, L.C./Reynolds, K.L.: Jaycustomer behavior: An exploration of types and motives in the hospitality industry, in: Journal of Services Marketing, 18. Jg. 2004, Nr. 5, S. 339-357.

Heine, G./Schommer, P.: Thomas Mann Chronik, Frankfurt 2004.

Heißerer, D.: Im Zaubergarten. Thomas Mann in Bayern, 2. Aufl., München 2005.

Hentschel, B.: Dienstleistungsqualität aus Kundensicht: vom merkmals- zum ereignisorientierten Ansatz, Wiesbaden 1992.

Holitscher, A.: Lebensgeschichte eines Rebellen. Meine Erinnerungen, Berlin 1924, (Ausschnitt) in: Schröter, K.: Thomas Mann im Urteil seiner Zeit. Dokumente 1891 bis 1955, Hamburg 1969, S. 16-18.

Jens, I./Jens, W.: Frau Thomas Mann. Das Leben der Katharina Pringsheim, 2. Aufl., Reinbek bei Hamburg 2003.

Kleinaltenkamp, M.: Blueprinting – Grundlage des Managements von Dienstleistungsunternehmen, in: Woratschek, H. (Hrsg.): Neue Aspekte des Dienstleistungsmarketing, Wiesbaden 2000, S. 3-28.

Klüger, R.: Thomas Manns jüdische Gestalten, in: Detering, H./Stachorski, S.: Thomas Mann. Neue Wege der Forschung, Darmstadt 2008, S. 118-131.

Könneker, C.: Raum der Zeitlosigkeit. Thomas Manns Zauberberg und die Relativitätstheorie, in: Heftrich, E./Sprecher, T./Wimmer, R. (Hrsg.): Thomas Mann Jahrbuch Band 14, Frankfurt 2001, S. 213-224.

Kurzke, H.: Thomas Mann. Das Leben als Kunstwerk, München 1999.

Lovelock, C., Product plus: How product + service = competitive advantage, New York 1994.

Maister, D.H.: The psychology of waiting lines, in: Czepiel, J.A./Solomon, M.R./Surprenant, C.F. (Hrsg.): The service encounter, Lexington 1985, S. 113-123.

Mann, G.: Erinnerungen und Gedanken. Eine Jugend in Deutschland, Frankfurt 1986.

LITERATURVERZEICHNIS

Mann, K.: Meine ungeschriebenen Memoiren, Frankfurt 1975.
Mann, K.: Der Wendepunkt. Ein Lebensbericht, Reinbek bei Hamburg, erweiterte Neuausgabe 2006.
Mann, T.: Bekenntnisse des Hochstaplers Felix Krull. Der Memoiren erster Teil, Gesammelte Werke in Einzelbänden, Frankfurter Ausgabe, hrsg. von Mendelssohn, P. de, Frankfurt 1985.
Mann, T.: Betrachtungen eines Unpolitischen, Gesammelte Werke in Einzelbänden, Frankfurter Ausgabe, hrsg. von Mendelssohn, P. de, Frankfurt 1983.
Mann, T.: Bilse und ich, in: Mann, T.: Rede und Antwort. Über eigene Werke, Huldigungen und Kränze: Über Freunde, Weggefährten und Zeitgenossen, Gesammelte Werke in Einzelbänden, Frankfurter Ausgabe, hrsg. von Mendelssohn, P. de, Frankfurt 1984, S. 17-28.
Mann, T.: Brief an seine Tochter Erika vom 24. Februar 1942, in: Mann, E.: Mein Vater der Zauberer, hrsg. von Lühe, I. von der und Naumann, U., Reinbek bei Hamburg 1998, S. 164-166.
Mann, T.: Das Eisenbahnunglück, in: Mann, T.: Frühe Erzählungen, Gesammelte Werke in Einzelbänden, Frankfurter Ausgabe, hrsg. von Mendelssohn, P. de, Frankfurt 1981, S. 530-540.
Mann, T.: Der Zauberberg, Gesammelte Werke in Einzelbänden, Frankfurter Ausgabe, hrsg. von Mendelssohn, P. de, Frankfurt 1981.
Mann, T.: Einführung in den Zauberberg. Für Studenten der Universität Princeton, in: Mann, T.: Rede und Antwort. Über eigene Werke, Huldigungen und Kränze: Über Freunde, Weggefährten und Zeitgenossen, Gesammelte Werke in Einzelbänden, Frankfurter Ausgabe, hrsg. von Mendelssohn, P. de, Frankfurt 1984, S. 66-81.
Mann, T.: Lebensabriß 1930, in: Mann, T.: Über mich selbst – Autobiographische Schriften, Gesammelte Werke in Einzelbänden, Frankfurter Ausgabe, hrsg. von Mendelssohn, P. de, Frankfurt 1983, S. 126.
Mann, T.: Lübeck als geistige Lebensform, in: Mann, T.: Über mich selbst – Autobiographische Schriften, Gesammelte Werke in Einzelbänden, Frankfurter Ausgabe, hrsg. von Mendelssohn, P. de, Frankfurt 1983, S. 28-50.
Mann T.: Mario und der Zauberer – ein tragisches Reiseerlebnis, in: Mann, T.: Späte Erzählungen, Gesammelte Werke in Einzelbän-

den, Frankfurter Ausgabe, hrsg. von Mendelssohn, P. de, Frankfurt 1981, S. 186-240.

Mann, T.: On Myself, in: Mann, T.: Über mich selbst – Autobiographische Schriften, Gesammelte Werke in Einzelbänden, Frankfurter Ausgabe, hrsg. von Mendelssohn, P. de, Frankfurt 1983, S. 51-93.

Mann, T.: Pariser Rechenschaft, in: Mann, T.: Über mich selbst – Autobiographische Schriften, Gesammelte Werke in Einzelbänden, Frankfurter Ausgabe, hrsg. von Mendelssohn, P. de, Frankfurt 1983, S. 265-354.

Mann, T.: Tagebücher 1918-1921, hrsg. von Mendelssohn, P. de, Frankfurt 1979.

Mann, T.: Tagebücher 1933-1934, hrsg. von Mendelssohn, P. de, Frankfurt 1977.

Mann, T.: Tagebücher 1935-1936, hrsg. von Mendelssohn, P. de, Frankfurt 1978.

Mann, T.: Tagebücher 1937-1939, hrsg. von Mendelssohn, P. de, Frankfurt 1980.

Mann, T.: Tagebücher 1940-1943, hrsg. von Mendelssohn, P. de, Frankfurt 1982.

Mann, T.: Tagebücher, 1944-1.4.1946, hrsg. von Jens, I., Frankfurt 1986.

Mann, T.: Tagebücher 28.5.1946-31.12.1948, hrsg. von Jens, I., Frankfurt 1989.

Mann, T.: Tagebücher 1949-1950, hrsg. von Jens, I., Frankfurt 1991.

Mann, T.: Tagebücher 1951-1952, hrsg. von Jens, I., 2. Aufl., Frankfurt 1993.

Mann, T.: Tagebücher 1953-1955, hrsg. von Jens, I., Frankfurt 1995.

Mann, T.: Tonio Kröger, in: Mann, T.: Frühe Erzählungen, Gesammelte Werke in Einzelbänden, Frankfurter Ausgabe, hrsg. von Mendelssohn, P. de, Frankfurt 1981, S. 273-341.

Mann, T.: Wälsungenblut, in: Mann, T.: Frühe Erzählungen, Gesammelte Werke in Einzelbänden, Frankfurter Ausgabe, hrsg. von Mendelssohn, P. de, Frankfurt 1981, S. 493-524.

Martens, K.: Der Roman einer Familie. Buddenbrooks. Verfall einer Familie. Das literarische Echo, in: Schröter, K.: Thomas Mann im Urteil seiner Zeit. Dokumente 1891 bis 1955, Hamburg 1969, S. 19-23.

Literaturverzeichnis

Mendelssohn, P. de: Der Zauberer. Das Leben des deutschen Schriftstellers Thomas Mann, Erster Teil 1875-1918, Frankfurt 1996.

Mendelssohn, P. de: Nachbemerkungen des Herausgebers, in: Mann, T.: Frühe Erzählungen, Gesammelte Werke in Einzelbänden, Frankfurter Ausgabe, hrsg. von Mendelssohn, P. de, Frankfurt 1981, S. 655-707.

Mendelssohn, P. de: Vorbemerkungen des Herausgebers, in: Mann, T.: Tagebücher 1933-1934, hrsg. von Mendelssohn, P. de, Frankfurt 1977, S. V-XXII.

Mucker, F.: Thomas Mann. Zu seinem 50. Geburtstage, in: Schröter, K., Thomas Mann im Urteil seiner Zeit. Dokumente 1891 bis 1955, Hamburg 1969, S. 130-137.

Nerdinger, F.: Psychologie der Dienstleistung, Göttingen u.a. 2011.

Parasuraman, A./Zeithaml, V.A./Berry, L.L.: A conceptual model of service quality and its implications for future research, in: Journal of Marketing, 49. Jg. 1985, Nr. 4, S. 41-50.

Pranter, Ch. A./Martin, Ch. L.: Compatibility management: Roles in service performers, in: Journal of Services Marketing, 5. Jg. 1991, Nr. 2, S. 43-53.

Rütten, T.: Auf der Mannschen Eisenbahn. Zur Pathogenität des Schienenverkehrs zum Zauberberg, in: Sprecher, T. (Hrsg.): „Was war das Leben? Man wusste es nicht!" Thomas Mann und die Wissenschaften vom Menschen. Die Davoser Literaturtage 2006, Thomas-Mann-Studien, 39. Band, Frankfurt, 2008, S. 157-177.

Schneider, B./Bowen, D.: Understanding customer delight and outrage in: Sloan Management Review, 41. Jg. 1999, Nr. 1, S. 35-45.

Shostack, G.L.: Service positioning through structural change, in: Journal of Marketing, 51. Jg. 1987, Nr. 1, S. 34-43.

Solomon, M.R./Surprenant, C./Czepiel, J.A./Gutman, E.G.: A role theory perspective on dyadic interactions: The service encounter, in: Journal of Marketing, 49. Jg. 1985, Nr. 1, S. 99-111.

Sprecher, T.: Davos in der Weltliteratur. Zur Entstehung des Zauberbergs, in: Sprecher, T. (Hrsg.): Das „Zauberberg"-Symposium 1994 in Davos, Thomas-Mann-Studien, 11. Band, Frankfurt 1995, S. 9-42.

Sprecher, T.: Kur-, Kultur- und Kapitalismuskritik im Zauberberg, in: Sprecher, T. (Hrsg.): Auf dem Weg zum „Zauberberg". Die Davo-

Literaturverzeichnis

ser Literaturtage 1996, Thomas-Mann-Studien, 16. Band, Frankfurt 1997, S. 187-249.

Stauss, B.: „Augenblicke der Wahrheit" in der Dienstleistungserstellung – Ihre Relevanz und ihre Messung mit Hilfe der Kontaktpunkt-Analyse, in: Bruhn, M./Stauss, B. (Hrsg.): Dienstleistungsqualität, 3. Aufl., Wiesbaden 2000, S. 321-340.

Stauss, B.: Das ethische Dilemma der Serviceorientierung, in: Burger, A./Kuhn, H./Kohmann, O. (Hrsg.): Gewinn und Ethik! Ethische Perspektiven in den Wirtschaftswissenschaften, Ingolstadt 2010, S. 143-173.

Stauss, B.: Der Einsatz der „Critical Incident Technique" im Dienstleistungsmarketing, in: Tomczak, T./Belz, Ch. (Hrsg.): Kundennähe realisieren, Ideen – Konzepte – Methoden – Erfahrungen, St. Gallen 1994, S. 233-250.

Stauss, B.: Dienstleister und die vierte Dimension, in: Harvard Business Manager, 13. Jg. 1991, Nr. 2, S. 81-89.

Stauss, B.: Dienstleistungsmarketing – eine Herausforderung für alle Unternehmen, in: Küting, K./Noack, H.-Ch. (Hrsg.): Der große BWL-Führer, Frankfurt 2003, S. 200-202.

Stauss, B.: Internes Marketing als personalorientierte Qualitätspolitik, in: Bruhn, M./Stauss, B. (Hrsg.): Dienstleistungsqualität, 3. Aufl., Wiesbaden 2000, S. 203-222.

Stauss, B.: Kundenbindung durch Beschwerdemanagement, in: Bruhn, M./Homburg, Ch. (Hrsg.): Handbuch Kundenbindungsmanagement, 7. Aufl., Wiesbaden 2010, S. 411-438.

Stauss, B.: Management interkultureller Dienstleistungskontakte, in: Kutschker, M. (Hrsg.): Perspektiven der internationalen Wirtschaft, Wiesbaden 1999, S. 269-304.

Stauss, B.: Physisches Umfeld der Kanzlei, in: Hartung, W./Römermann, V. (Hrsg.): Marketing und Management – Handbuch für Rechtsanwälte, München 1999, S. 991-1005.

Stauss, B.: Sind Zufriedenheits-Informationen irrelevant? Zur geringen Nutzung von Kundenzufriedenheits-Informationen, in: Bayón, T./Herrmann, A./Huber, F. (Hrsg.): Vielfalt und Einheit in der Marketingwissenschaft, Wiesbaden 2007, S. 237-255.

Stauss, B./Bruhn, M.: Serviceorientierung im Unternehmen – Eine Einführung in die theoretischen und praktischen Problemstellungen,

LITERATURVERZEICHNIS

in: Bruhn, M./Stauss, B. (Hrsg.): Serviceorientierung im Unternehmen, Wiesbaden 2010, S. 3-32.

Stauss, B./Seidel, W.: Beschwerdemanagement, 4. Aufl., München 2007.

Stauss, B./Seidel, W.: Evidenz-Controlling im Beschwerdemanagement – Ein Ansatz zur Abschätzung des „Verärgerungs-Eisbergs", in: Bruhn, M./Stauss, B. (Hrsg.): Dienstleistungscontrolling – Forum Dienstleistungsmanagement, Wiesbaden 2006, S. 89-111.

Stauss, B./Seidel, W.: Prozessuale Zufriedenheitsermittlung und Zufriedenheitsdynamik bei Dienstleistungen, in: Homburg, C. (Hrsg.): Kundenzufriedenheit, Konzepte – Methoden – Erfahrungen, 6. Auflage, Wiesbaden 2006, S. 171-195.

Stauss, B./Weinlich, B.: Die Sequentielle Ereignismethode – ein Instrument der prozeß-orientierten Messung von Dienstleistungsqualität, in: der markt – Zeitschrift für Absatzwirtschaft und Marketing, 35. Jg. 1996, Nr. 136, S. 49-58.

Virchow, Ch.: Katia Mann und der Zauberberg, in: Sprecher, T. (Hrsg.): Auf dem Weg zum „Zauberberg". Die Davoser Literaturtage 1996, Thomas-Mann-Studien, 16. Band, Frankfurt 1997, S. 165-185.

Wimmer, R.: Zur Philosophie der Zeit im Zauberberg, in: Sprecher, T. (Hrsg.): Auf dem Weg zum „Zauberberg". Die Davoser Literaturtage 1996, Frankfurt am Main 1997, S. 251-272.

Wysling, H.: Der Zauberberg – als Zauberberg, in: Sprecher, T. (Hrsg.): Das „Zauberberg"-Symposium 1994 in Davos, Thomas-Mann-Studien, 11. Band, Frankfurt, S. 43-57.

Zeithaml, V.A.: How consumer evaluation processes differ between goods and services, in: Donelly, J.H./George, W.R. (Hrsg.): Marketing of services, Chicago 1981, S. 186-190.

Weihnachten für sich und seine Familie retten – Ein Weg aus dem Dilemma

springer-gabler.de

Bernd Stauss
Optimiert Weihnachten
Eine Anleitung zur Besinnlichkeits-Maximierung
2009. 99 S. Geb. € (D) 17,95
ISBN 978-3-8349-1895-6

Jedes Jahr werden wir vom Weihnachtsfest überrascht und reagieren mit hektischer und planloser Aktivität. Dabei treffen wir häufig Fehlentscheidungen, die den Weihnachtsfrieden gefährden. Wir überschreiten das Weihnachtsbudget und kaufen dazu noch die falschen Geschenke. Wir verschwenden kostbare Zeit beim Schreiben von Weihnachtskarten und Strohsternbasteln. Wir ärgern uns über den beschafften Weihnachtsbaum und über die zu viel gegessenen Plätzchen und Kringel. Die Folge: Jedes Jahr verläuft Weihnachten sub-optimal.

Doch das muss nicht sein! Dieses Buch enthält eine Anleitung, wie die wichtigsten weihnachtlichen Entscheidungsprobleme durch die Anwendung grundlegender betriebswirtschaftlicher Kenntnisse gelöst werden können.

Wer also für sich und seine Familie Weihnachten retten und das Besinnlichkeitsdefizit beseitigen will, dem empfiehlt sich, die Maxime „Optimiert Weihnachten" zu befolgen und die dargestellten methodischen Empfehlungen anzuwenden.

Der Autor

Univ.-Prof. Dr. Dr. h.c. em. Bernd Stauss war Inhaber des Lehrstuhls für Allgemeine Betriebswirtschaftslehre und Dienstleistungsmanagement der Wirtschaftswissenschaftlichen Fakultät der Katholischen Universität Eichstätt-Ingolstadt.

Einfach bestellen: SpringerDE-service@springer.com
Telefon +49 (0)6221 / 3 45 – 4301

MIX
Papier aus verantwortungsvollen Quellen
Paper from responsible sources
FSC® C105338

If you have any concerns about our products,
you can contact us on
ProductSafety@springernature.com

In case Publisher is established outside the EU,
the EU authorized representative is:
**Springer Nature Customer Service Center GmbH
Europaplatz 3, 69115 Heidelberg, Germany**

Printed by Libri Plureos GmbH
in Hamburg, Germany